ANDREA DEE

EINE VERGESSENE LEIDENSCHAFT

VON TAUBEN UND MENSCHEN

UEBERREUTER

Für Gottfried, aber auch für Eduard und all die anderen

Die Deutsche Bibliothek – CIP-Einheitsaufnahme

Dee, Andrea:
Eine vergessene Leidenschaft : von Tauben und Menschen /
Andrea Dee. – Wien : Ueberreuter, 1994
ISBN 3-8000-3501-4

AU 275/1
Alle Rechte vorbehalten
Umschlaggestaltung unter Verwendung eines Fotos der Agentur Buenos Dias, Wien
Copyright © 1994 by Verlag Carl Ueberreuter, Wien
Druck und Bindung: M. Theiss, 9400 Wolfsberg
Printed in Austria
1 3 5 4 2

Inhalt

Vorwort *7*

Wo Tauben sind... *11*

Von der Klippe in den Tempel *14* · Fruchtbarkeitsgöttin und Liebesvogel *15* · Liebesboten und olympische Flieger *16* · Der »Römer« – ein Überlebender der Antike? *18* · »Hüt dich vor Pfaffen und vor Tuber...« *18* · Von Bagdad nach Steinheim *19* · Adelige und bürgerliche Tauben *20* · Patriotismus mit Flügeln *22* · Kundschafterin Noahs und Heiliger Geist – die Taube im christlichen Mythos *25* · Winterschläfer ohne Galle – die Taube als Fabelwesen *26* · Taubentürme – Taubenschlösser *28* · Wundermittel Taubendreck *30* · Ius Columbarum – die Taube im Recht *31* · Die Taube und die großen Männer *32* · Taubenblaue Poesie – die Taube in der Dichtung *33* · Das Taubenmuseum zu Nürnberg *36* · Liebesleben im Taubenhause – vom Alltag der Taube *38* · Nicht nur durchs Schlaraffenland fliegen gebratene Tauben *52* · Aphrodisiakum und Tranquilizer – die Taube als Medikament *52* · Ein bildschöner Vogel – die Taube in Kunst und Populärkultur *53*

Hellstorch, Kiebitz, Kurze, Gansel – der Wiener Taubenadel *57*

»Die Wiener Burzeln« – alles beginnt im Flug *59* · Vom Tauben-Liebhaber zur Tauben-Kultur *60* · Der Wiener Tümmler – ein Bild von einer Taube *61* · Vom Wert der Tauben *64* · Eine Liebhaberei für honorige Herren *65* · Krisen und Kriege *68* · Letzter Hochflug *70* · Das Ende einer Leidenschaft *71*

Kriegshelden und Spaßvögel – Brieftauben *85*

Tauben im U-Boot und im Ballon *86* · Gurrende Front-Fotografen *88* · Vom Heldenmut der Tauben *88* · Auch Kriegsflüge führen nach Hause *91* · Witwer fliegen schneller *91* · Rothschilds Vermögen und die Tauben *93* · Die Taubenreporter des Zeitungsredakteurs Reuter *93* · Blutproben, Drogen und Flugzeugdaten *93* · Die Taube – das »Rennpferd des kleinen Mannes« *94* · Nur der Täuber ist ein Vogel *94* · Doping für Tauben? *101* · Fliegen für die Seele *102*

»Ein Loch kost' fünf Schilling...« – Taubenmärkte
110

Federvieh im Herzen der Städte *110* · Profession »Taubenhändler« *114* · Hundefuhrwerk und »Taubensackel« *114* · Proletarisches Sonntags-Vergnügen *115* · Die Tauben und ihre Richter – das Ausstellungswesen *116* · Tauben und Tierschutz *118*

»Sie kennen mich schon von weitem...« – Straßentauben *125*

Verhaßte »Mistviecher«... *125* · ...und geliebte Vogerln *127* · Tierliebe als Zwangshandlung *130* · Taubenhaß als Neurose *134* · Not im Überfluß *135* · Geburtenkontrolle, aber wie? *135* · Islamische und spanische Tauben *138* · Stadt ohne Tauben? *139* · Wie »krank« sind Straßentauben? *142* · Ein Asyl für Straßentauben *142*

Das Anmutigste unter der Sonne, das Flügel trägt... *149*

Martha, die letzte *149* · Spurlos verschwunden wie »Dodo« *150* · »Gekrönte« Tauben und Taubenpapageien *152* · Kichernder Zaubervogel fürs Heim *152* · Wo Tauben sind... *155*

Vorwort

Tauben waren immer erfolgreicher als ihr Gegensatz in der politischen Symbolik, die Falken. Schlaue, lebenserfahrene, an Widrigkeiten sich härtende Vögel sind sie beide. Warum aber diese Tauben, die doch glatt die Ähnlichkeit der modernen Städte mit unwirtlichen Felsenlandschaften noch vor den Menschen erkannt haben, so sanft, so friedfertig, so liebevoll dargestellt werden? Vielleicht liegt die Begründung in einem Wort, das die Wissenschaft erfunden hat. Sie sind Kultur-Folger, den Menschen stets auf den Fersen, ihren Nistplätzen konsequent treu. Also auch noch heimatbewußt?

Daran politische Schlüsse zu knüpfen, die der ohnehin stark zerzausten Friedensbewegung nicht ins Bild paßten, wäre überzogen. Eines stimmt aber: Der Nistinstinkt hat Columba postalis zur Brieftaube werden lassen. Und Columba livia zur Straßentaube, nachdem sie und Streptophelia turtur Jahrhunderte in den antiken Heiligtümern der Liebesgöttinnen hatten turteln dürfen. Das »Täubchen« als Kosename für die Geliebte wie für käufliche Mädchen ist inzwischen allerdings aus der Mode gekommen.

Wie Störche schauen Tauben manchmal aus, wie Sittiche auch, wie Hofräte manchmal, oder wie Vögel, die man schnell zum Tierarzt bringen möchte, so riesig sind ihre Kröpfe.

Die Journalistin und Tierfreundin Andrea Dee kann weder an verletzten Tauben noch an anderen schrägen Vögeln vorbeigehen, ohne irgendwie zu helfen. Dadurch ist sie auch zur Tierbesitzerin geworden – und zur Tierschützerin, die eine der kompetentesten wöchentlichen Tierkolumnen schreibt. Sie verbindet ihre Liebe zu den Haus- und Stadttieren mit dem Wissen um die Zusammenhänge der Natur. Deshalb ist ihre Tierfreundschaft keine Affenliebe.

Und ihr Buch gerade deshalb ein Lesevergnügen.

Gerfried Sperl
»Der Standard«

Tauben

Taubenflug über die Äcker hin –
ein Flügelschlag, der schneller ist als die Schönheit.
Sie holt ihn nicht ein, sondern bleibt mir
als Unbehagen zurück im Herzen.

Als wäre auch Taubengelächter vernehmbar
vor den Schlägen, den grün gestrichenen
    Zwerghäusern,
und ich beginne nachzudenken,

ob der Flug ihnen wichtig ist,
welchen Rang die Blicke zum Erdboden haben
und wie sie das Aufpicken des Korns einordnen
und das Erkennen des Habichts.

Ich rate mir selbst, mich vor den Tauben zu fürchten.
Du bist nicht ihr Herr, sage ich, wenn du Futter
    streust,
wenn du Nachrichten an ihre Federn heftest,
wenn du Zierformen züchtest, neue Farben,
neue Geschöpfe, Gefieder am Fuß.
Vertrau deiner Macht nicht,
so wirst du auch nicht verwundert sein,
wenn du erfährst, daß du unwichtig bist,

daß neben deinesgleichen heimliche Königreiche
    bestehen,
Sprachen ohne Laut, die nicht erforscht werden,
Herrschaften ohne Macht und unangreifbar,
daß die Entscheidungen geschehen im Taubenflug.

Günther Eich

Wo Tauben sind...

...ist Freiheit und Friede, Heiligkeit und Liebe, ist das Schlaraffenland und das traute Heim, das Dächermeer alter und die Betonwüste neuer Städte. Die Taube bedeutet uns viel, und das hat seinen guten Grund.
Tauben sind der Menschheit ältestes Hausgeflügel, sie wurden lange vor dem Huhn – wahrscheinlich im 6. Jahrtausend vor unserer Zeitrechnung im Vorderen Orient – domestiziert. Schon in den ältesten Zivilisationen bei Ägyptern und Babyloniern finden sich Tauben – als Geschöpfe der Gottheit, als delikater Leckerbissen, als bestaunte Flugkünstler, verläßliche Boten, als flatternde Freude für Auge und Ohr – und hin und wieder auch als Ärgernis.
Über den Tempel von Uruk und Alexandria zogen Tauben ihre Kreise – heute segeln sie durch die Häuserschluchten New Yorks oder Tokyos, hausen in den U-Bahnschächten Londons oder Wiens, trippeln durch die Fußgängerzonen von Rom oder Helsinki. Heute wie damals sucht die Taube die Nähe des Menschen und versteht es doch immer, sich ihre Unabhängigkeit zu bewahren.
»Besser den Spatz in der Hand als die Taube auf dem Dach« – dieses alte, noch heute gebräuchliche Sprichwort beklagt die Flüchtigkeit der Taube. Andererseits heißt es aber auch: »Wo Tauben sind, fliegen Tauben zu« – und mit dieser Beobachtung begann wohl auch die gemeinsame Geschichte von Menschen und Tauben.
Wahrscheinlich hat sich die Taube dem Menschen freiwillig angeschlossen. Stammutter aller Haustauben – auch der wieder verwilderten Tauben unserer Städte – ist die Felsentaube: Noch heute siedeln wilde Felsentauben an den Küsten rund ums Mittelmeer und in den Bergländern Nordamerikas und Asiens. Irgendwann in grauer Vorzeit haben einzelne Vögel ihre Scheu vor dem Menschen verloren und begonnen, die von ihm errichteten »künstlichen« Gebirge – die großen Tempelbauten der heiligen Stätten und die steinernen Befestigungen der ersten Städte – zu besiedeln. Erst mag sie auf Marktplätzen und Handelshöfen zufällig verschüttetes Getreide angelockt haben, dann wurden sie bewußt gefüttert. Von Priestern und Frommen, die in ihnen Götterboten sahen, von jenen, die schon in diesen frühen Tagen Freude an ihrer Anmut und Schönheit hatten.
Und natürlich machte sich das Federvieh von allem Anfang an auch praktisch nützlich. Nicht nur als Braten wurden Tauben geschätzt, besonders begehrt war auch ihre »Hinterlassenschaft«, in Afrika und Asien ist Taubenkot noch heute ein begehrtes Düngemittel.
Bald wurde auch der »siebente Sinn« der Taube, ihr phänomenales Orientierungsvermögen, genutzt: Der Friedensvogel wurde zum Kriegsdienst abkommandiert, diente als fliegender Bote Herrschern und Heeren, entschied Schlachten und verhalf auf zivilen Flügen auch manchem Kaufmann zu Spekulationsgewinnen.
Was der Mensch liebt, das verändert er, und so wurde auch die Taube zum lebendigen Spiegelbild menschlicher Wünsche und Fantasien. Auch hier haben es uns die gurrenden Flieger leichtgemacht: Von ihrer Mutationsfreudigkeit zeugen heute weltweit rund 800, mitunter kaum mehr als Tauben erkennbare Rassen.

Auch die ersten Rassetauben kamen aus dem Orient, erst mit den Römern, dann mit den Kreuzrittern, schließlich mit Kaufleuten und fahrenden Händlern. Im 19. Jahrhundert wurde die Taubenzucht in Europa leidenschaftlich ausgeübte Liebhaberei des Bürgertums, dann auch der »einfachen« Leute.

Heute haben andere Freizeitvergnügungen die Beschäftigung mit dem gurrenden Federvieh verdrängt, trotzdem läßt uns die Taube nicht los.

Als Symbol für Frieden, Freiheit und Liebe geistert sie noch immer durch die Hoch- und Populärkultur. In Sprichwörtern führen wir sie nach wie vor im Mund, auch wenn sie im täglichen Leben keine Rolle mehr spielt – oder nur die eines Ärgernisses.

Millionen Straßentauben bevölkern heute unsere Städte, die schmutzigen Parias beleidigen das Auge und beschmutzen Denkmäler und historische Bauten. Vielleicht rächen sie sich damit aber auch nur für unsere Mißachtung: Schließlich sind sie die verstoßenen Nachkommen unserer Haustauben, die uns einst nützlich waren und die dann aus der »Mode« kamen.

In grauer Vorzeit war die Taube ein »Kulturfolger« im ursprünglichsten Sinne des Wortes – und wer ihre Geschichte verfolgt, findet auch unsere Kulturgeschichte widergespiegelt. Die Geschichte der Tiere ist immer auch Geschichte des Menschen. Die Taube kann uns unser Werden aus einem ganz besonderen Blickwinkel zeigen – aus der Vogelperspektive.

Sie fliegt 120 Kilometer in der Stunde und über 1 000 an einem einzigen Tag. Sie hat das Fliegen ganz verlernt und schlägt dafür Purzelbäume, -zig Rollen am Stück. Sie trägt den Kopf so hoch und die Beine so lang, daß sie ihre eigenen Jungen zertritt, ihr Schnabel ist so kurz, daß sie ihren Nachwuchs gar nicht atzen kann. Sie schlägt Räder wie ein Pfau, und ihre Flügelfedern ringeln sich in dauergewellten Locken. Sie wurde zwar nicht zum Singvogel, dafür schlägt sie in ihrer Kehle die Trommel, oft einen halben Tag lang. Sie schmückt sich mit riesigen Gewächsen um Schnabel und Augen, die ihr die Sicht, und mit gewaltigen Federrosetten um die Zehen, die ihr die Beweglichkeit rauben. Sie steigt so hoch über die Wolken, daß sie ihr Zuhause für immer aus den Augen verliert, und stürzt so rasend schnell vom Himmel, daß sie am Boden zerschellt. All das und noch viel mehr ist der Taube Schicksal, weil der Mensch seit nunmehr sechstausend Jahren nicht die Hände von ihr lassen kann. Rund 800 Taubenrassen existieren weltweit, manche verraten ihre seltsamen Eigenschaften auf den ersten Blick, andere verbergen sie hinter einem unscheinbaren Äußeren. Sie alle aber verdanken ihre Eigenart menschlicher Leidenschaft und Beharrlichkeit. Seit Jahrtausenden werden Tauben durch Zuchtwahl verändert – ganz ohne Rücksicht aufs Federvieh.

Die »ganz große« Zeit der Taubenzucht ist in der westlichen Wohlstandsgesellschaft zwar schon Geschichte, aber immerhin gehen auch heute noch allein in Westeuropa einige Millionen Taubenfans in ihrer Liebhaberei auf. Um ihren Bestand mit Sieger-Blut aufzufrischen, bezahlen fanatische Brieftaubensammler für einen Flug-Champion so viel wie für einen Kleinwagen. Rassetaubenzüchter legen zwar weit geringere Summen aus, dafür aber um so mehr Kilometer zurück, um ein Tier ihrer Wahl heimzuholen. Bei internationalen Taubenschauen sind -zigtausende Tiere und ebensoviele Ausstellungsbesucher zu sehen. Wer Tauben züchtet, dessen Leben wird von seiner Leidenschaft bestimmt: der Tag von Auflaß- und Fütterungszeiten, das Jahr von Paarung, Jungenaufzucht, Mauser, Ausstellungs- und Wettflugsaison.

Und nicht nur die edlen Rassetiere, auch die verachteten Straßentauben haben selbstlose Freunde: Taubenmütter und Taubenväter, die oft ganze Schwärme hingebungsvoll versorgen, nehmen für ihre Lieblinge nicht nur Mühe, sondern auch – mitunter höchst hartnäckige – Verfolgung durch Taubenfeinde in Kauf.

Was ist dran an der Taube, daß sie den, den die Liebe zu ihr einmal gepackt hat, nicht mehr losläßt?

»Als ich ein Bub war, haben die Leute gesagt, daß einem der Staub, mit dem die Taube ihre Federn einpudert, durch die Nase direkt ins Gehirn steigt, so wie heute das Rauschgift. Und daß man deshalb nie mehr von den Tauben loskommt«, erzählt der alte Herr Baldia, der heute über achtzig ist, sein ganzes Leben mit Tauben verbracht hat und heute noch immer an die zweihundert von ihnen unter seinem Dach beherbergt. Die Theorie von der »Droge Federstaub« ist zwar wenig wahrscheinlich, aber wen die Liebe zum gurrenden Federvieh packt, der kann ihr tatsächlich erliegen wie einer Sucht.

Schon Plinius – 23 bis 79 nach Christus – vermerkte im zehnten Buch seiner *Naturgeschichte* mit Mißfallen, daß die Liebe zur Taube viele seiner Zeitgenossen »verrückt

Carrier *Mövchen*
Trommeltaube *Kröpfer*

Was der Mensch liebt, verändert er – manchmal bis zur Unkenntlichkeit: der Carrier, der von orientalischen Botentauben abstammt, wurde in England erzüchtet. Heute werden diese Nachfahren persischer Brieftauben meist nur noch in Volieren gehalten, sie haben ihr einst beachtliches Orientierungsvermögen weitgehend verloren. Auch wenn sein Name nach wie vor auf seine Funktion als Brief»träger« verweist, ist der Carrier heute nur noch Ausstellungstaube: je prächtiger und ebenmäßiger seine Nasenwarzen, umso wertvoller der Vogel.

Mövchen, früher Kurzschnäbler, seit dem vorigen Jahrhundert nahezu Schnabel-lose Tauben, stammen ebenfalls aus dem vorderen Orient. Auch sie dienten einst als Botentauben. Mit ihren winzigen Schnäbeln können diese anmutigen und zutraulichen Geschöpfe ihren Nachwuchs nicht mehr füttern, ihre Jungen werden von Ammentauben großgezogen. Solche Extremformen werden heute zunehmend kritisiert, viele Taubenfreunde würden sich mehr »Natürlichkeit« in der Zucht wünschen.

Trommeltauben kommen ursprünglich aus dem Gebiet des heutigen Turkmenistan, sie zeichnen sich durch einzigartige Lautäußerungen aus. In England werden sie »Trumpeter« genannt. Die extremen Federwirbel wurden ihnen erst im vorigen Jahrhundert angezüchtet.

Auch dieser Brünner Kröpfer stammt – wie alle der zahlreichen Kropftauben-Rassen – von orientalischen Vorfahren ab. Männchen und Weibchen verfügen gleichermaßen über ein mächtiges »Blaswerk«. Wenn sie sich bei der Ausstellung nicht freiwillig »zeigen«, werden sie von manchen Züchtern einfach »aufgeblasen« wie ein Ballon.

mache«. Auch später hatten Taubenfreunde stets mit dem Verdacht zu kämpfen, sie seien nicht ganz normal – oder gar nichtsnutzig. So verwehrt sich Pfarrer Christoph Ferdinand Moser in seinem 1790 erschienen *Ulmer Taubenbuch*: »Als Taubenliebhaber darf man den Verfasser nicht in die Klasse derjenigen setzen, die mit Versäumung wichtiger Pflichten, oder auch nur anderwertiger nöthiger Geschäfte einen großen Theil ihrer Zeit unverantwortlicher Weise mit ihren Tauben vertändeln.«

Was aber veranlaßt nun wirklich ehrenwerte Herren, ja sogar Fürsten und gekrönte Häupter, ihre Zeit mit Tauben zu verschwenden?

Die Erklärungen der Taubenfanatiker selbst sind meist unbefriedigend. »Die Tauben, diese graziösen, schlanken, ungewöhnlich edlen Vögel in allen Farbschlägen, haben die Menschen seit alters her fasziniert. Sie verdienen unsere Liebe«, vermerkt etwa Wladimir Saradshan, Taubenbuchautor in Taschkent in Usbekistan postsozialistisch-realistisch. Schwärmerischer formulierte der K & K Taubenzüchter Adolf Kretschmer in seinem 1907 erschienenen Buch *Liebesleben im Taubenhause*: »Die Taube ist nächst dem Hunde und dem Pferde unter den Haustieren sicher jenes, das den meisten Anspruch auf menschliche Zuneigung hat. Diese niedlichen, geschäftig dahintrippelnden Tierchen, diese anmutigen, reinlichen und klugen Segler der Lüfte bieten ihrem Herrn die mannigfachsten Unterhaltungen und Zerstreuungen.« Nun, auch Amseln trippeln munter umher, auch Sperlinge fliegen durch die Lüfte, trotzdem hat allein die Taube des Menschen Herz erobert.

Vielleicht, weil sie ihm in so vielem ähnlich ist.

Von der Klippe in die Tempel

Den ersten Einblick in ihr Privatleben gewährt die Taube in Mesopotamien, dem Zwischenstromland von Euphrat und Tigris und den angrenzenden Gebieten. Dort, wo sich die »Wiege der Zivilisation« befand, wo

Die Felsentaube ist die Stammutter aller heute existierenden Haustaubenrassen.

Sumerer und Babylonier die ersten steinernen Städte, Tempelanlagen und Befestigungen errichteten, übersiedelte die Felsentaube – Stammutter aller Haustaubenrassen – von ihren Wohnstätten im »natürlichen« ins künstliche, vom Menschen geschaffene Gebirge. Mauervorsprünge, Fenstersimse und Schießscharten zogen die Felsenbrüter magisch an, sie bildeten geradezu ideale Nistplätze. Außerdem boten Felder, Gärten und Märkte vielversprechende Möglichkeiten für die Nahrungssuche, und die Nähe des Menschen versprach Sicherheit vor Greifvögeln und Raubtieren.

Die Taube wurde zum Kulturfolger – und damit Mittelpunkt eines Kults. In jener frühen Zeit waren der Menschheit viele Lebewesen heilig, doch die Taube schien den Göttern näher als anderes Getier.

Die ältesten bekannten Taubendarstellungen sind Keramiken, sie stammen aus dem Gebiet des heutigen Iran und wurden im 5. Jahrtausend vor unserer Zeitrechnung angefertigt. Ob die Taube erst zum Göttervogel avancierte, nachdem sie Wohnung in den Heiligtümern genommen hatte, oder ob sie schon vorher mit dem Göttlichen identifiziert wurde, ist nicht geklärt: Da Felsentauben auch in Höhlen nisten und Quellhöhlen häufig als Sitz von Geistern und Göttern galten, wäre letzteres gut möglich.

Tatsache ist, daß die Taube bei den Babyloniern als Symbol und Kulttier der Muttergöttin Ischtar galt. Das griechische Wort für »Taube« lautet »Peristera«, was »Vogel der Ischtar« bedeutet, und im babylonischen Schriftsystem werden die Begriffe »Taube« und »gebären« durch dasselbe Zeichen ausgedrückt.

Die Taube wurde zum Göttervogel, weil sie so fruchtbar ist – doch nicht allein deshalb. Nicht die Zahl ihrer Nachkommen kann ihr den Ehrenplatz eingetragen haben, denn andere Vögel und Säugetiere ziehen weit mehr Junge groß. Wahrscheinlich ist vielmehr, daß die Art und Weise, wie die Taube zur Fortpflanzung schreitet, und die Sorgfalt, mit der sie ihre Brut betreut, den Menschen seit jeher faszinierte.

Fruchtbarkeitsgöttin und Liebesvogel

Nicht alles, was wir der Taube andichten, entspricht der Wirklichkeit. Doch ein Klischee wird von der Realität häufig noch übertroffen: alle Tauben sind Turteltäubchen. Fortpflanzung ist der Lebenssinn jeder Kreatur, aber die Taube scheint voll und ganz davon erfüllt. Oft schließt sich die Täubin – unter Tauben herrscht Damenwahl – schon als Jungtier dem Täuber ihrer Wahl an. Der eigentlichen Paarung gehen intensive Zärtlichkeiten voraus, geküßt und geschnäbelt wird auch außerhalb der Paarungszeiten, und ebenso zärtlich, wie die beiden Gatten – Tauben sind lebenslang monogam – miteinander umgehen, verhätscheln sie auch den Nachwuchs. Die elterlichen Pflichten werden ganz egalitär zwischen Mann und Frau geteilt, die Jungen werden nicht nur gefüttert, sondern auch liebkost, und auch die Geschwister sparen untereinander nicht mit Zärtlichkeiten.

Dieser offen zur Schau getragene Überschwang an Gefühl – die trockene Biologie mag eine solche Interpretation eine unzulässige »Vermenschlichung« nennen, aber warum soll man die Liebe nicht erkennen, wenn man ihrer ansichtig wird? – hat die Altvorderen wohl

Lorbeer und eine Taube schmücken diese griechische Münze aus dem 5. Jahrhundert v. Chr.

beeindruckt. Er tut es schließlich auch heute noch: Jeder, der Tauben hält, kann von den Momenten berichten, wo er über dem Anblick des Turtelns und Treibens in seinem Schlag einfach die Zeit vergißt.

Der Kult der Ischtar verbreitete sich im Mittelmeerraum und mit ihm der Kult um die Taube. Für die Syrer, die Ischtar unter dem Namen »Astarte« verehrten, war die Taube so heilig, daß sie nicht gegessen, ja nicht einmal berührt werden durfte, wie Xenophon vermeldet. Wer eine Taube anrührte – und sei es unabsichtlich –, galt den ganzen Tag als verflucht.

Der frühchristliche Schriftsteller Eusebius berichtet, daß die Tauben in Syrien so zahm waren, daß sie mit den Menschen unter einem Dach lebten, zu ihren Tischgenossen geworden waren und sich sogar »mutwillig betrugen«. Große Mengen von Tauben bevölkerten die Wege und Häuser und wurden zu Tausenden in den Heiligtümern in eigenen Schlägen gehalten.

Im Schutze der Städte und Tempel entstanden auch die ersten »Rassetauben«. In der Natur sind Tiere, die in Gestalt, Färbung oder Vielfalt von der artüblichen Form abweichen, meist zum Untergang verurteilt. Die arttypischen Eigenschaften haben sich im jahrtausendelangen Überlebenskampf herausgebildet, jede Tierart stellt gewissermaßen den »Idealtyp« an Überlebensfähigkeit dar. Auffällige Mutationen erbringen meist nur Nachteile für das betroffene Tier – sie setzen die Tarnung herab, schränken die Bewegungsfreiheit ein, erhöhen die Gefahr, von Freßfeinden entdeckt und zur Strecke gebracht zu werden.

In menschlicher Obhut fallen solche Risiken weg – und weil der Mensch Freude an Auffälligem hat, werden solche Abweichungen vom »Normalzustand« gegebenenfalls sogar gefördert. So auch im Fall der Taube – schon in den Psalmen des alten Testaments wird von Tauben berichtet, deren Flügel wie »Silber und Gold schimmern«. Im 1. Jahrhundert nach Christus vergleicht der Epigramm-Dichter Marcellus das Weiß seiner Toga mit der herrlichen Färbung der »paphischen Tauben«, die das Wahrzeichen des Heiligtums der Stadt Paphos auf Zypern waren.

Der Kult der Ischtar war mittlerweile von Griechen und Römern übernommen worden, die Taube zum Wappenvogel der Aphrodite und Venus avanciert – und sogar zum Zugtier: In zahlreichen Darstellungen der Göttinnen wurde deren Himmelswagen von einem Taubengespann gezogen. Und längst flogen die flotten Vögel nicht nur für Götter.

Liebesboten und olympische Flieger

Wann das Heimfindevermögen der Tauben entdeckt und ab wann es genutzt wurde, liegt im Dunkel der Zeiten. Überliefert ist, daß der ägyptische Herrscher Djoser ums Jahr 2600 vor Christus Tauben als fliegende Boten einsetzte. Er ließ entlang der Grenze seines Reiches Wehrtürme errichten, die mit Taubenschlägen ausgestattet waren. Im Falle eines Überfalls durch feindliche Stämme wurden die Tauben hochgelassen, sie flogen zu Armeestützpunkten im Hinterland und meldeten den Angriff in Windeseile.

Auch von Ramses III. ist überliefert, daß er Botentauben in seinen Diensten hatte. Die Botschaft seiner Krönung im Jahr 1290 vor unserer Zeitrechnung trugen Botentauben auch in die entferntesten Winkel seines Reiches. Im 1. Jahrtausend vor Christus muß die Sitte, Tauben für Botendienste zu verwenden, schon weit um sich gegriffen haben. Die schnellen Flieger flatterten nun nicht mehr nur für Herrscher und Feldherrn, sie überbrachten auch ganz private Botschaften.

Um 600 vor Christus ließ der griechische Troubadur Anakreon eine fliegende Botin erstmals selbst zu Worte kommen: Sie werde ihm noch weiter dienen, läßt er die

Um seine Krönung zum Pharao landesweit bekannt zu machen, sandte Ramses II. Brieftauben aus, wie diese Hieroglyphen aus dem 13. Jahrhundert v. Chr. zeigen.

Taube sagen, obwohl er ihr die Freiheit versprochen habe. Wozu solle sie umherschweifen, um Nahrung zu suchen, wenn sie Brot und Wein aus seiner Hand empfange. Gern beschatte sie ihren Herrn mit ihren Flügeln und schlummere auf seiner Leier.

Im Jahre 444 vor Christus flog eine Taube, um einen olympischen Sieg zu verkünden: der Athlet Taurosthenes von Aegina hatte zu den Wettkämpfen von Olympia eine Taube mitgebracht. Nach seinem Sieg band er ihr ein Stück purpurfarbenes Gewebe ums Bein und ließ sie frei. Die Botin flog in wenigen Stunden jene Strecke, für die ein Reiter drei Tage gebraucht hätte – und noch am Abend des Siegertages konnte die Familie des Taurosthenes zum Festmahl laden.

Die Römer verwendeten Botentauben neben militärischen Zwecken auch zu zivilen. Varro berichtete, daß seine Zeitgenossen gern Tauben ins Theater mitnahmen, um sie dort dann freizulassen, damit sie heimflögen. Ob sie dabei Wettflüge absolvierten, Botschaften an die zu Hause weilende Familie oder gar Liebesbotschaften transportierten, verschweigt der Schriftsteller. Kein Geheimnis macht er allerdings aus der allgemeinen Leidenschaft der Römer für die Taube.

Der »Römer« – ein Überlebender der Antike?

Dem gurrenden Geflügel wurden großzügige Schläge errichtet: bis zu 5 000 Tauben bewohnten diese »Taubentürme«. Sie wurden ihres schmackhaften Fleisches wegen gemästet, man erfreute sich aber ebenso an ihrer Schönheit. Varro berichtet, daß für ein Paar wohlgestalteter erwachsener Tauben bis zu 200 Sesterze bezahlt wurden, für hervorragende Tiere sogar bis zu 1 000. Besonders erlesene Tiere erzielten sogar Preise bis zu 2 000 Sesterze – ein Huhn kostete zu dieser Zeit etwa 50 Sesterze.

Die Römer kannten bereits mehrere Taubenrassen: Neben den scheuen Feldtauben, die sich ihr Futter vorwiegend selbst suchten, gab es Haustauben, die zahmer und meist von weißer Farbe waren. Daneben wurden auch schon regelrechte »Fleischtauben« gezüchtet, die sehr groß und schwer waren. Laut Columella unterschied man bei diesen zwischen der »Campana-« und der »Alexandrina«-Taube.

Der Römer erreicht eine Flügelspannweite bis zu einem Meter und ein Körpergewicht von über einem Kilogramm.

Noch heute existiert eine Taubenrasse, die »Römer« genannt wird. Die Tauben erreichen eine Länge bis zu 50 Zentimetern und ein Gewicht von über einem Kilogramm und sind damit rund dreimal so groß und schwer wie eine durchschnittliche Taube. Es ist anzunehmen, daß der »Römer« tatsächlich auf eine antike Taubenrasse zurückgeht.

Die Römer brachten die Haustauben auch in die kühleren Regionen ihres Weltreiches, in Österreich datieren früheste Belege für das Vorkommen von Tauben ins 2. Jahrhundert nach Christus.

»Hüt dich vor Pfaffen und vor Tuber...«

Als Haustaube überlebte das Geflügel auch die Wirren der Völkerwanderung, die Botentaube wurde erst mit den Kreuzzügen des Mittelalters wiederentdeckt. Die Ritterheere brachten neben anderer Beute aus dem Morgenland auch Tauben mit sich.

Doch auch die Daheimgebliebenen hatten Freude an ihren Tauben: Nicht von ungefähr wurde etwa Ende des

Darstellung eines mittelalterlichen Taubenfreundes aus dem Jahr 1485

13. Jahrhunderts in Nürnberg das Halten von Tauben unter Strafe verboten. Die allzu zahlreichen »Tuben« waren ein hygienisches Problem geworden. Aus diesen Tagen stammt auch ein fränkisches Sprichwort mit aufmüpfig politischem Hintergrund: »Willst du din Huss halten suber, so hüt dich vor Pfaffen und vor Tuber.«

Auch als Schädlinge im Feld machten sich Tauben unbeliebt – das Halten von Tauben, die sich dann in Nachbars Garten die Kröpfe füllten, artete zur Unsitte aus. »Auf eine Hufe Landes sollen zehen Paar Tauben, und darüber nicht, gehalten werden, bei Straffe dem Rath zehen Groschen, und den Nachbarn fünf Groschen«, fordert ein Gesetz der Stadt Leipzig. Und in Magdeburg hieß es kurz und bündig: »Es soll kein Bürger, der nicht Äcker im Felde hat, in der Stadt Tauben halten.«

Natürlich war in jenen Zeiten, wo es nicht selbstverständlich war, täglich satt zu werden, und wo Hungersnöte bittere Realität waren, vor allem das zarte Fleisch der jungen Täubchen gefragt – und auch eine alte Taube gab schließlich noch eine Suppe ab. Aber es ist anzunehmen, daß man sich auch an der Schönheit und Anmut der gurrenden Flieger erfreute.

Von Bagdad nach Steinheim

Als sich am Ende des Mittelalters der Handel mit dem Nahen und Fernen Osten zusehends ausweitete, kam mit den Gewürzschiffen und Seidenkarawanen auch lebende Fracht nach Europa – und damit auch Tauben. In den Jahrtausenden seit der Domestizierung der Felsentaube hatten sich im Orient eine Vielzahl von Rassen entwickelt: Tauben mit seltsamem Flugverhalten, mit eigenartigem Äußeren und eigenwilligen Färbungen. Fürsten und reiche Bürger konnten an den exotischen Vögeln gefallen finden – und weil sich die Fremden mit den »gewöhnlichen« heimischen Tauben ohne Problem kreuzen ließen, entstanden bald interessante Mischrassen.

Eine der auffälligsten ist sicher die »Bagdette«, so genannt, weil sie den Botentauben der Kalifen von Bagdad abstammt. Im 12. Jahrhundert begründete Sultan Nur-eddin in Ägypten eine erste »Taubenpost«, die alle wichtigen Punkte seines Reiches mit der Hauptstadt verband. Das Botentauben-System wurde von den nachfolgenden Kalifen noch perfektioniert und machte im gesamten Orient Schule.

So berichtet etwa im Jahre 1667 ein gewisser Troilo in seiner *Orientalischen Reise-Beschreibung:* »Nun habe ich mein Wunder gesehen, auch selbsten deren Taube eine, aus meinen Händen, als ich zu Alexandretta war, fliegen lassen nacher Aleppo, welches 4 gute Tagesreisen davon ist. Und also was ein reitender Bote in drey Tagen nicht verrichtet, thut dieser Fliegende nicht vor voll in einer kleinen Stunde ja offtmahl wol gar in einer halben. Massen das Datum so wohl des Tages als die Stunde ja die Minute in das Polletin oder Briefflein hineingesetzt wird. Wenn die Taube nun in das Hauss, wo sie von ihren Jungen oder Eyern hinweg genommen worden, wiederkömt, wird sie sich mit den anderen herum tummeln, murcksen, und mit den Flügeln auf die anderen heftig um sich herum schlagen, und giebet gleichsam ein fröliches Zeichen ihrer glücklichen Zurückkunfft, der Kauffmann solches wahrnehmend, fängt sie alsobald, und nimmt ihr den angehängten Brieff ab.«

Wilhelm Neumeister zeigte in seinem Buch »Das Ganze der Taubenzucht« von 1876 noch »Bagedotten-Tauben«, heute gibt es drei Arten von Bagdetten. Die extremste ist die Nürnberger Bagdette mit ihrem »Geierschnabel«: der wird beim Jungtier über ein Rundholz gebogen.

Die braven Botentauben wurden mit Gold aufgewogen, manchmal wurde ihr das Zeichen ihres Besitzers in die Nasenwarze eingebrannt, denn die »Bagdetten« besaßen größere Nasenwarzen als andere Tauben. In der deutschen Stadt Steinheim wurden diese »Warzentauben« mit einheimischen Tauben gekreuzt – das Ergebnis ist die »Steinheimer Bagdette«, eine bis heute existente Taubenrasse mit seltsamen Aussehen. Sie besitzt neben der großen Nasenwarze dicke Augenringe, einen langen Schnabel, einen etwas längeren Hals und lange Beine. Außer der »Steinheimer« wurden auch noch die sehr große »Französische« und die »Nürnberger Bagdette« mit Krummschnabel erzüchtet. Heute sind diese Vögel Ausstellungstiere, ihr gutes Flug- und Heimfindevermögen wurde ihrem extravaganten Äußeren geopfert. Doch in den Adern heutiger Brieftauben fließt immer noch Bagdettenblut.

Adelige und bürgerliche Tauben

Im Fernen und Nahen Osten war die Taubenzucht ein fürstliches Hobby. Von Akbar dem Großen, der als Großmogul in der zweiten Hälfte des 16. Jahrhunderts über Indien herrschte, ist überliefert, daß er 20 000 Tauben hielt, acht neue Rassen erzüchtete und nicht nur besonders schöne Tauben, sondern auch wahre Flugkünstler sein eigen nannte, die auf Befehl ihre himmlische Akrobatik vollführten. Doch Akbar, der für seine Toleranz und Gerechtigkeit gerühmt wurde, züchtete nicht nur Renommiervögel, er liebte seine Tiere auch: Von seinem Hofmarschall wird berichtet, daß der Großmogul alle Regierungsgeschäfte sein ließ, um ins Taubenhaus zu eilen, als Ashiki die Weinende und Tochter seiner Lieblingstaube Mohanna aus dem Ei geschlüpft war.

Auch in Persien erfreute sich die Oberschicht an der Taubenzucht. Im Jahre 1760 veröffentlichte Sayzid Mohammed Musari eine *Geschichte der Tauben* und pries die gurrende Fliegerin, die sich, »im Taubenschlag der Güte danach verzehrt, ihren Herrn zu sehen, um von der Futterstelle die Körner seiner Herzlichkeit aufzule-

Im »Ulmer Taubenbuch« aus dem Jahr 1776 finden sich erst ganz wenige Taubenrassen.

Dieser Stich aus dem 19. Jahrhundert zeigt Taubentürme in Persien.

sen«, mit überschwenglichen Worten. Musari berichtet auch von gesteuerten Flug-Kunststücken der Tauben, und noch heute ist der »Persische Roller« eine anerkannte Taubenrasse.

In Europa widmete sich hauptsächlich das Bürgertum der Taubenzucht. Gebildete und Wohlhabende hatten ihre Freude an der Schönheit und dem possierlichen Verhalten ihres Geflügels.

Der Adel mochte sich in seinen Tiergärten und Menagerien an wilden und exotischen Kreaturen erfreuen, der Bürger hielt sich an die »kleine« Freude, an das Ziergeflügel. Man baute den Tauben Häuschen, die wie Schlösser aussahen – und damit endete die Zuneigung zum Federvieh häufig nicht.

Daß die Freude an der Taube auch beim besonnenen Bürger zur regelrechten Manie ausarten konnte, davor warnte zum Beispiel anno 1821 Johann Paul Kolbeck in seiner *Abhandlung über die Taubenzucht*: »Alles was zur Leidenschaft wird, ist schädlich, wenn es auch den unschädlichsten Gegenstand betrifft. Manche vertändeln viel Geld mit Tauben, daß sie weit besser und nützlicher für ihre Bedürfniß nicht selten für Weib und Kinder verwenden sollten. Dem leidenschaftlichen Tauben-Narren ist kein Weg zu lange, kein Wetter zu wild, kein Platz zum Taubenhandel zu heilig, selbst in der Kirche unter dem Gottesdienste handelt und spricht er von Tauben, wenn er einen Taubenjackel seines gleichen findet. Früh und spät sind seine Augen auf seine Tauben gerichtet, mit den Tauben im Kopfe steht er auf und legt sich damit nieder, sein Lieblingsgespräch ist das über Tauben und ihre Eigenschaften, solch ein Mensch hört fast auf für die übrige Welt zu leben, weil er ganz für seine Tauben lebt.«

Patriotismus mit Flügeln

Die Taubenzucht entsprach dem Bürgertum in vielfältiger Weise – auch in seinem Wunsch, sich regional abzugrenzen. Der Adel war stets kosmopolitisch orientiert, fühlte sich den blaublütigen Verwandten in anderen Ländern und Staaten stets näher als dem Volk vor Ort. Der Nationalismus ist eine bürgerliche Erfindung, und manchmal zeigt sich das lokale Selbstbewußtsein eben »vogelfrei«. Heute verstehen wir unter Kultur in der Regel nur leblose Artefakte wie Werke der bildenden Kunst oder geistige-abstrakte Schöpfungen wie Musikstücke oder literarische Texte. Aber Kultur kann auch

Schachtzabels Taubenbuch aus dem Jahr 1911 präsentierte auf 104 Farbtafeln die Taubenrassen seiner Zeit. Hier der Vergleich Rassetauben von heute. Im Bild: orientalische Mövchen, englische Kröpfer, Huhnschecken, Römer.

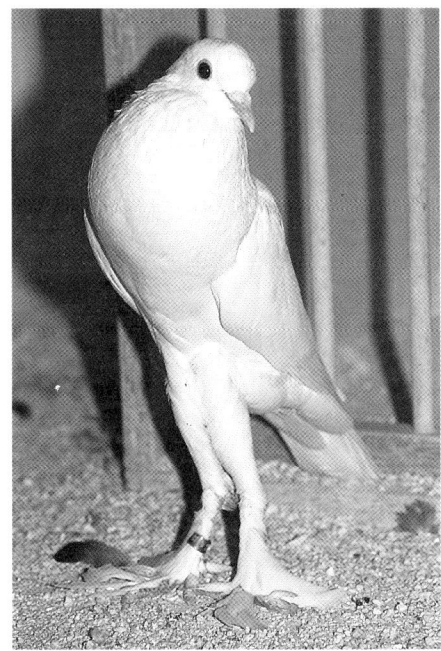

lebendig in einem ganz engen Sinn sein. Auch die Art und Weise, wie wir mit den Tieren und Pflanzen in unserer Umgebung umgehen, ist Kultur.

Heute ist die bewußte, kreative Beschäftigung mit lebendigen Wesen weitgehend aus der Mode gekommen – das war nicht immer so. Auch die in Jahrhunderten erzüchteten Pferde- oder Hunderassen und der Umgang mit ihnen sind Ausdruck unserer Kultur: der »Araber« ist auch dann lebensprühendes Abbild seiner Heimat, wenn er auf Tiroler Almen grast. Und der »Barsoi« bleibt ein russischer Aristokrat, auch wenn er in einer bayrischen Sozialwohnung residiert.

Die Taube, dieses so wandelbare und anspruchslose Geschöpf, war geradezu dazu prädestiniert, zum animalischen Aushängeschild der Regionen zu werden. Nicht immer verfuhr man ehrlich mit ihr: Als Ende des vorigen Jahrhunderts etwa die »Chinesentaube« nach Europa kam – ein wuscheliges Geschöpf mit rundem Körperbau –, hatte sie China niemals gesehen. Ein trickreicher Händler versuchte den Vogel mit einer kleinen Lüge aufzuwerten.

Andere Tauben sind tatsächlich, was sie vorgeben zu sein: der »Englische Großkröpfer« etwa, der unangefochtene Dandy unter den Tauben, das »Orientalische Mövchen« mit seinem zu ornamentaler Niedlichkeit veränderten Aussehen oder die »Belgische Reisetaube«, deren Äußeres nur ein Gesetz kennt: das der Funktionalität.

Es gibt eine Taube für jeden Geschmack und jeden Landsmann: den Memeler Roller, den Brünner Kröpfer, den Berliner Lange, den Budapester Kurze, den Danziger Hochflieger, den Bucharischen Trommler, die Modena-Taube.

Manche Taubenrassen sind noch recht häufig anzutreffen, von anderen gibt es nur noch ganz wenige Exemplare. Sie alle spiegeln Wünsche, Träume und Sehnsüchte – nicht nur der Menschen von gestern.

Rund 800 Taubenrassen gibt es heute weltweit, doch Tauben selbst sind keine Rassisten: Auch wenn es ihre stolzen Züchter nicht gern hören, Tauben kennen keine Rasseschranken. Wo die Liebe hinfällt, wird geturtelt und gekost – ohne Ansehen der Rasse. Der alte Brieftäuber und die ganz »gewöhnliche« Straßentäubin sind ein Herz und ein Sinn, der »kleine Unterschied« von »Rasse« und »rasselos« spielt für sie gar keine Rolle.

Kundschafterin Noahs und Heiliger Geist – die Taube im christlichen Mythos

Als Christus die Geldwechsler und Händler aus dem Tempel zu Jerusalem treibt, zeigt er nur mit einer einzigen Gruppe Kaufleute Nachsicht – mit den Taubenverkäufern. Vielleicht rührte ihn die Anmut ihrer gurrenden Ware, vielleicht hatte er auch Verständnis dafür, daß sich auch die Armen unter den Juden Gottes Wohlwollen erkaufen wollten: Die Taube war das Opfertier der »kleinen« Leute; wer kein Schaf bezahlen konnte, opferte zwei junge Tauben. Selbst Gottes Sohn zeigte sich ja der Heilige Geist in Gestalt dieses Vogels: Als Jesus sich im Jordan von Johannes taufen läßt, schwebt Gottes Geist in Gestalt einer Taube auf ihn herab.

Den Aposteln erschien der Heilige Geist später nur mehr in Feuerzungen-Gestalt, doch Christus gibt ihnen die Taube als Vorbild mit auf den Weg des Heils: »Seid klug wie die Schlangen und ohne Falsch wie die Tauben!« rät er seinen Jüngern. Zum offiziellen Symbol des Heiligen Geistes wird die Taube im Jahr 325 beim Konzil von Nicäa erklärt, doch glaubt man dem Alten Testament, verdankt die gesamte Menschheit der Taube ihre zweite Chance: Als Gott die Erde in der Sintflut ertränkt und nur Noah errettet, sendet dieser nach dem Ende der verheerenden Regenfälle eine Taube aus.

Vom ersten Flug kehrt der Vogel noch mit leerem Schnabel zurück, beim zweiten Rundflug bringt die Taube einen Ölzweig mit, vom dritten Flug kehrt sie nicht mehr wieder: Die Wasser sind gefallen, sie findet nun Nahrung auf dem trockenen Land.

Im Alten Testament spielt die Taube als Sinnbild eine tragende Rolle; das Volk Israel selbst wird mit einer Taube verglichen, die in der Wüste eine neue Heimat findet. Für den jüdischen Weisen Philo von Alexandrien, der von 20 bis 60 nach Christus lebte, sind die gesellige Haustaube und die nur paarweise lebende Turteltaube Symbole für zweierlei Weisheit: »Die göttliche Weisheit liebt die Einsamkeit wegen des einen Gottes, dessen Eigentum sie ist. Und weil sie das Alleinsein liebt, wird sie sinnbildlich Turteltaube genannt. Die menschliche Weisheit aber, die sanft und zahm ist und in Herden lebt, läuft in den Städten der Menschen herum und freut sich am Umgang mit den Sterblichen. Darum stellt man sie sich als Haustaube vor.«

Aus dem 4. und 5. Jahrhundert sind Gefäße in Taubenform erhalten, die dazu dienten, das Brot für die Eucharistie aufzubewahren. Um dieselbe Zeit beginnt man auch die zwölf Apostel als Tauben darzustellen, erst um die Jahrtausendwende wird auch die Gottesmutter Maria die »reine Taube« genannt und mit der Taube abgebildet. Eine Assoziation, die im frühen Christentum verpönt war, weil man Parallelen

Mariä Verkündigung mit Engel und Heiliger-Geist-Taube: eine Darstellung Meister Bertrams aus dem 14. Jahrhundert.

Noah entläßt seine fliegende Kundschafterin: Detail aus einem frühchristlichen Mosaik.

Auch im dem Christentum verwandten Islam ist die Taube ein Gottesvogel und Symbol der Reinheit. Dem Moslem ist sie heilig: Tauben am Fenster einer Moschee.

zum heidnischen Ischtar-Kult vermeiden wollte, wo die Taube ja als heiliger Vogel der Fruchtbarkeitsgöttin galt.

Auch heilige Männer, wie etwa der große Kirchenlehrer Thomas von Aquin, wurden mit der Taube dargestellt – hier sollte gezeigt werden, daß diese Männer von Gottes Geist persönlich heimgesucht und erleuchtet worden waren.

Aus dem heidnischen Mythos stammt die mittelalterliche Vorstellung, daß die Seele den Körper eines verstorbenen Menschen in Gestalt einer Taube verlasse – beim Tode der heiligen Scholastika soll sich solches ereignet haben.

Schon bei den Persern galt die Taube als Totenvogel, ebenso bei den Goten. Die Langobarden errichteten neben den Gräbern ihrer Verstorbenen Stangen, auf denen hölzerne Tauben saßen, die die trauernden und klagenden Verwandten darstellen sollten.

Winterschläfer ohne Galle – die Taube als Fabelwesen

Der Zweck heiligt die Mittel: Um Haustauben nur ja an ihren Schlag zu binden, solle man an den Aus- und Einflügen ein Stück vom Galgenstrick eines Gehenkten befestigen – das rät zumindest der römische Schriftsteller Palladius. Und nicht nur er hatte seltsame Vorstellungen vom gurrenden Federvieh. Eine in der Antike weitverbreitete Meinung besagte, daß die Taube keine Galle besitzt und deshalb so besonders sanftmütig sei. In diesem Glauben steckt ein wahrer Kern: Bei Tauben fehlt die Gallenblase, die Gallenflüssigkeit wird ohne Sammelbehälter durch zwei Gänge in den Zwölffingerdarm geleitet.

immer schon »Ziervogel« war: Der Schönheit des gurrenden Federviehs, an der man sich erfreute, sollen auch dessen Behausungen entsprechen.

In bestimmten historischen Epochen waren Taubenhäuser jedoch keineswegs Augenweiden, sondern verhaßte Symbole der Unterdrückung: Im 18. Jahrhundert wurde die Landbevölkerung durch den Adel vielfach ausgebeutet. Ein Mittel, aus den geschundenen Bauern noch mehr herauszupressen, waren Tauben: Diese flogen auf die Felder und fraßen den Hungernden das wenige Korn, das ihnen nach dem Abliefern der Abgaben geblieben wäre, auch noch weg. Das Erlegen der »adeligen« Tauben war selbstverständlich verboten, ihr Fleisch war der Oberschicht vorbehalten. In der Französischen Revolution entlud sich der Haß der geknechteten

Der große Artistoteles wiederum glaubte, daß Turtel- und Ringeltaube Winterschlaf halten. Über die erstere schrieb er: »Die Turteltaube ist bloß im Sommer zu sehen, im Winter wird sie nicht gesehen, weil sie sich verkriecht. (…) Es verkriecht sich sowohl der Storch und die Amsel als auch die Turteltaube und die Lerche, und zwar herrscht über den Winterschlaf der Turteltaube kein Zweifel, da so zu sagen, noch niemand während des Winters irgendwo eine Turteltaube gesehen hat. Sie ist beim Beginn des Winterschlafs sehr fett und verliert zwar die Federn während desselben, bleibt aber wohlbeleibt.«

Auch die alten Germanen reimten sich allerhand Sagenhaftes über die Tauben zusammen. Wenn die Turteltaube ihres Gatten verlustig geht, entsage sie künftig allen weltlichen Freuden. Sie meidet blühende und grünende Bäume, sitzt nur mehr auf dürren Ästen und trübt, wenn sie trinken will, erst das klare Wasser mit dem Fuß, um nicht durchs eigene Spiegelbild an den geliebten Toten erinnert zu werden.

Für ihren Nachwuchs wiederum – so glauben Griechen und Römer – bedienen sich die Tauben sogar der Zauberei: Damit die Jungen vor böser Hexenkunst geschützt seien, würden sie vom Tauber kräftig angespuckt.

Taubentürme – Taubenschlösser

Historische Taubenschläge gelten heute als Kulturdenkmäler und stehen vielerorts unter Denkmalschutz. Die oftmals sehr aufwendig gestalteten Taubenhäuser spiegeln vor allem eines wider: daß die Taube niemals nur Nutztier, sondern

Kaiserliches Taubenhaus im Schloßpark zu Schönbrunn

Taubenhaus in Westafrika: da es hier keine Boden-Raubtiere gibt, leben Tauben in Mali ebenerdig wie in einer »Hundehütte«.

Volksmassen auch gegenüber den Taubenhäusern des Adels. Ein großer Teil der oftmals prächtig verzierten Taubentürme wurde damals zerstört.

Als Zier eines Anwesens galt in früheren Zeiten der »Taubenkobel« in Hof oder Garten. Der Nachteil dieser besonders hübschen Art, Tauben zu halten: Die Vögel entziehen sich weitgehend der Kontrolle, das Säubern des hochgelegenen und schlecht zu erreichenden Kobels ist beschwerlich. Heute sind Tauben meist in Dach- oder Gartenschlägen untergebracht, dort können sie leicht eingefangen und gut beobachtet werden, und die Instandhaltung des Schlages ist einfach zu bewerkstelligen.

Genaue Anweisungen, wie ein idealer Schlag auszusehen habe, gab's schon im antiken Rom. Danach lag ein Taubenhaus gegen Süden gerichtet, in einem Turm oder in einem warmen Raum des Hauses. Die kleinen Fenster waren mit Netzen gegen Schlangen und anderes Ungeziefer gesichert, die Wände glatt getüncht, damit nicht etwa Mäuse und Eidechsen hinaufkriechen und die Tauben erschrecken konnten. Varro rät, den Schlag weiß auszumalen, weil Tauben die weiße Farbe lieben. Hier irrte der Schriftsteller allerdings. Am liebsten hausen Tauben in dämmrigen Nischen mit dunklen Wänden. Vom Fußboden bis zur Decke lagen in Reihen die Nistzellen, ein durch ein Netz geschützter offener Raum sollte den Tauben das Sonnenbaden ohne Bedrohung durch Raubvögel ermöglichen.

Der Taubenwärter – der »pastor columbarius« – mußte auch streng auf Sauberkeit achten, für frisches Trink- und Badewasser sorgen und sich auch um kranke und verletzte Tauben kümmern.

Damit sich die Tauben in ihrer Behausung wohl fühlen, griff der »Taubenhirte« mitunter zu seltsamen Mitteln. Plinius berichtet, daß man Junge des Turmfalken, der als Freund der Tauben galt, in Tonkrüge steckte, diese versiegelte und in den Ecken des Schlages aufhängte oder vergrub.

Auf jedem Bauernhof gab es früher einen Taubenkobel: Historischer Stich aus der Zeit um 1800.

Wundermittel Taubendreck

Was verleiht dem französischen Weißbrot seinen unvergleichlichen Geschmack? Heute wahrscheinlich die chemische Industrie, aber noch im vorigen Jahrhundert mischten die Pariser Bäcker als Würze und Treibmittel Taubenkot in den Teig, damit das Brot beim Backen besonders locker und leicht wurde. Doch bei den Altvorderen fand Taubenkot nicht nur als Lebens-, sondern auch als Heilmittel Verwendung. Mit Hafer- oder Gerstenmehl vermischt, sollte er den Kropf, Abszesse und verhärtete Geschwüre zum Verschwinden bringen. Taubenkot in Öl wiederum wurde nachgesagt, bei Verbrennungen heilsam zu sein. Und pur und oral genossen, soll die Hinterlassenschaft der Taube gar jene errettet haben, die sich mit Quecksilber vergiftet haben – so glaubten zumindest die alten Römer, wie bei Plinius nachzulesen ist.

Von solchen fäkalen Nutzanwendungen der Taube sind wir heute weit entfernt. Heutzutage sind Tauben als »Mistviecher« verschrien. Rund vier Kilogramm ätzender Kot pro Vogel und Jahr zwingen die Stadtverwaltungen, beträchtliche Summen lockerzumachen für die Beseitigung von Verschmutzungen und Zerstörungen an Denkmälern und Gebäuden. Und auch Spaziergänger bleiben nicht verschont. Beschwerden über Belästigungen durch Taubenkot sind in den Rathäusern an der Tagesordnung.

In früheren Zeiten stand man der Verdauungstätigkeit des gurrenden Federviehs positiver gegenüber: Mitunter wurden Tauben sogar nur deshalb gehalten, damit sie sich möglichst oft »erleichtern«. Ihr Kot wurde zur Herstellung von Lauge fürs Ledergerben und – vor allem – als Düngemittel genutzt. Tatsächlich ist Taubenkot ein hervorragender Dünger, vergleichbar dem Guano der Seevögel. In früheren Zeiten war »Taubenmist« auch bei uns eine begehrte Handelsware, Francis Willoughby etwa schreibt in seiner Ornithilogy von 1676: »Taubendung ist besser als jeder andere für Pflanzen und Getreide. Ein Korb Dung ist so wertvoll wie ein ganzer Wagen Schafsdung.«

Mit der Erfindung des Kunstdüngers kamen »tierische« Düngemittel aus der Mode, heute bedient man sich solcher urtümlicher und für Frucht und Boden verträglicher Düngungsweise nur noch in »Entwicklungsländern«. So wird etwa in der türkischen Provinz Kappadokien einmal jährlich der Kot von halbwild in zugemauerten Felshöhlen nistenden Tauben »geerntet«, um damit die Gemüsefelder und Gärten der kargen Gegend zu düngen.

Auch in Ägypten gibt es noch riesige »Taubenburgen«, in denen Tausende Vögel leben. Seit der Verwendung von »modernem« Kunstdünger werden sie allerdings in zweifacher Weise dezimiert: Einerseits setzt man die Taubentürme nicht mehr instand, weil der Kot ihrer Insassen nicht mehr gefragt ist, andererseits kommen viele der Tauben, die sich ja durchs »Federn« ernähren, durch Kunstdünger-Vergiftungen ums Leben.

Unter den Nachteilen der einst hochgelobten »künstlichen

In Ägypten dienten solche »Taubenburgen« der Düngergewinnung.

Düngung« haben mittlerweile nicht nur die Tauben zu leiden, die ruinierten Böden – nicht nur Ägyptens – bleiben heute immer öfter ohne Frucht.

In früheren Zeiten diente der Taubenmist nicht nur zur Produktion von Nahrung, in Ausnahmesituationen wurde er sogar selbst dazu: Im Alten Testament wird berichtet, daß die ausgehungerten Bewohner der von den Syrern eingeschlossenen Stadt Samaria in ihrer Not Taubenmist aßen; dasselbe soll sich zugetragen haben, als Jerusalem von den Römern belagert wurde. Und im Jahre 1316 wurde England von einer solchen Hungersnot geplagt, daß man auch dort die Hinterlassenschaft der Taube als Hauptmahlzeit zu sich nahm.

Ius Columbarum – die Taube im Recht

»Dieweil hierinnen ein großer Mißbrauch bemercket wird, daß die Personen, welche wenig, oder gar nichts, aussähen, viele Tauben halten, und damit ihre Nachbarn auf denen Äckern beschweren; Als sollen auf eine Hufe Landes nicht mehr dann acht paar Tauben gehalten werden, aber die, welche keine halbe Hufe im Felde haben, mögen weder in Städten noch Dörffern Tauben halten. Der aber dawieder handelt, soll nicht allein der Tauben verlustig seyn, sondern auch einen Gulden zur Straffe geben, welche die Obrigkeit iedes Orts von denen Verbrechern einzubringen.« Mit solchen Problemen hatte sich die Justiz Anno Domini 1685 herumzuschlagen: In einer Zeit, als die Getreideernten spärlich waren und jedes Korn kostbar, führten Tauben, die sich

> **GOTTLOB AVGVSTI IENICHEN,**
> PHIL. ET IVR. D. COD. ET NOV. P. P. O.
> AC H. T. ACAD. LVDOV. RECTORIS,
> *OBSERVATIONES SELECTAE*
> DE
> **COLVMBARIIS.**
> PRAEMISSAE
> ORATIONI ADITIALI
> QVA
> *VIR AMPLISSIMVS, EXPERIENTISSIMVS*
> *ET EXCELLENTISSIMVS*
> **D. GERARDVS ANDREAS MVLLER,**
> ANAT. CHIRVRG. ET BOTAN. P. P. O. DESIGNATVS
> AD DIEM XXIII. SEPT. A. R. S. CIƆ IƆ CCLI.
> MVNVS SIBI CLEMENTISSIME DEMANDATVM
> SOLEMNITER ET MORE MAIORVM
> AVSPICABITVR.
> ───────────
> *GIESSAE,*
> Typis EBERH. HENR. LAMMERS, Acad. Typogr.

auf Nachbars Feldern den Kropf vollschlugen, zu so manchem Rechtsstreit.

Schon im salischen Recht wurden Besitz und Haltung von Tauben juristisch geregelt, während der folgenden Jahrhunderte beschäftigten sich immer wieder eigene Abhandlungen mit den verschiedenen Rechtsproblemen in der Causa »Tauben«.

Auch Taubendiebstahl mußte immer wieder geahndet werden, wie ein Gesetzesspruch aus dem Jahr 1640 bezeugt: »Daß die Taubenschläge männiglich zu halten verboten seyn sollen, da aber einer, oder der ander, wer er auch seye, derselben halten, und einem oder dem anderen seine Tauben darmit – oder auch sonst auffangen würde, derselbe soll, so oft solche bei ihm gefunden werden, unserem gnädigsten Fürsten und Herrn mit fünf Gulden angesehen, auch nach Gelegenheit mit Gefängnis gestraft, die bei ihm gefundenen Tauben losgelassen, die Taubenschläge abgeleget, und der Thäter davon abgemahnet werden. Würde er sich alsdann wieder selbiges gelüsten und weiter betreten lassen, soll ihm alsdann das Tauben-Hauß zernichtet, und die Nester heruntergeworfen, er aber jedesmal mit doppelter Straffe angesehen werden, sooft es geschiehet.«

Auch bei Erbstreitigkeiten waren die Tauben heiß umkämpft, wie folgender Rechtsspruch zeigt: »Daß das streitige Hauß, sowohl auch Tröge und eingemauerte Kessel, gestalten Sachen und Umständen nach, also lange vor Lehen zu halten, bis die Land-Erben, daß das Hauß zum Lande gehörig, wie Recht darthun und erweisen. Auch verbleiben die Tauben bei dem Lehn billig.« Auch heute werden wegen des gurrenden Federviehs die Behörden bemüht. Meist geht es um Haustauben, die sich's nicht nehmen lassen wollen, auf Nachbars Hausdach zu hocken, und um Straßentauben, die von einer Streitpartei gefüttert werden und der anderen lästig fallen. Aber auch Diebstähle von wertvollen Rassetauben kommen hin und wieder vor.

Die Taube und die großen Männer

Es scheint, daß Tauben gerade in jenen das Sanfte und Milde ansprechen, die solch »weiblichen Eigenschaften« in ihrem Leben ansonsten keinen Platz einräumen. Besonders eindrucksvoll belegt das Helmut Newtons fotografisches Porträt des US-Box-Champions und Taubenliebhabers Mike Tyson. Auch der tschechische Komponist Antonín Dvořák, 1841 bis 1904, war ein großer Taubenfreund und hielt zahlreiche Tauben auf seinem, neben dem Anwesen Smetanas gelegenen Landsitz in Vysoka. Nicht nur in seiner Musik, auch in dieser seiner Leidenschaft wurde er dem Nationalcharakter seines Heimatlandes gerecht. Böhmen war seit alters her ein Land der Tauben und Taubenzüchter, wie zahlreiche Taubenrassen böhmisch-mährischer Herkunft noch heute beweisen.

Der britische Gelehrte Charles Darwin züchtete selbst Tauben, und die Vielfalt der Haustaubenrassen hat ihn nicht nur fasziniert, sondern auch bei der Erstellung der von ihm begründeten Evolutionstheorie inspiriert. In seinem bahnbrechenden – und bei seinem Erscheinen heftig angefeindeten – Werk »Die Entstehung der Arten« geht er auf die Entstehung der Haustaubenrassen durch Zuchtwahl und durch züchterische Auslese ein.

Taubenblaue Poesie – die Taube in der Dichtung

Als Symbolfigur findet sich die Taube in zahlreichen Werken der Dichtkunst. Vor allem als Sinnbild für die geliebte Frau ist sie ein beliebtes literarisches Motiv. Das vielleicht innigste Gedicht, in dem die Geliebte als Taube besungen wird, entstand schon vor beinahe drei Jahrtausenden. Im Alten Testament heißt es im Hohelied Salomons:

Schön bist du, meine Freundin, ja, du bist schön.
Zwei Tauben sind deine Augen.
Steh auf, meine Freundin.
Meine Taube im Felsennest, versteckt in der Steilwand,
dein Gesicht laß mich sehen,
Hinter dem Schleier, deine Augen wie Tauben.
Verzaubert hast du mich, meine Schwester Braut;
mit einem Blick deiner Augen,
meine Taube, du Makellose.

Auch in zahlreichen Werken griechischer und römischer Schriftsteller findet sich die Taube. Bei Homer und Aischylos als flüchtiger, ängstlicher Vogel, bei Vergil als schneller Flieger. Horaz preist ihre Keuschheit, Ovid ihre Sanftmut. Im Mittelalter ist die Sicht der Taube vorwiegend religiös gefärbt, seltsamerweise findet sich gerade bei der im 13. Jahrhundert lebenden Mystikerin Mechthild von Magdeburg ein Gedicht, das die Taube als das zeigt, was sie ist – ein anmutiger Vogel:

Eia, liebe Taube,
Deine Füße sind rot,
Deine Federn sind glatt,
Dein Mund ist wohlgeformt,
Deine Augen sind schön,
Dein Haupt ist edel,
Dein Wandel ist lustvoll,
Dein Flug rasch und kühn.
Und du bist allzuschnell wieder auf Erden.

Barock und Rokoko sehen die Tauben vorwiegend als Liebesvogel, als fliegenden Boten zwischen Liebenden, als Synonym für die geliebte Frau. In der Volksdichtung spielten sie auch andere Rollen, wie dieser Rätselspruch aus dem 17. Jahrhundert beweist:

Ihrer drey mit großen Hauben
Hatten drey gebratne Tauben
Jeder aß die sein in Ruh
Und pflegt auch den Trunck zu lieben
Aber sagt, wie geht es zu,
Daß zwo Tauben überblieben;
Wer diß Rätsel kann errathen
Dem wird man vier Tauben braten.

Im 19. Jahrhundert wird mit der Aufwertung der Volkskunst auch das Märchen salonfähig – und im Märchen haben Tauben immer wieder wichtige Aufgaben. Am bekanntesten ist wohl die Geschichte von Aschenputtel, der die Tauben erst behilflich sind, die guten von den schlechten Erbsen zu trennen, und die ihr schließlich auch noch zu einem Prinzgemahl verhelfen.

Rucke di gu, rucke di gu,
Blut ist im Schuh:
Der Schuh ist zu klein,
die rechte Braut sitzt noch daheim!

So rufen sie jedesmal, als der Prinz im Begriff ist, auf die Betrügereien der bösen Stiefschwestern hereinzufallen. Nachdem der Prinz schließlich doch Aschenputtel zu seiner Frau gemacht hat, picken Aschenputtels Täubchen deren Stiefschwestern zur Strafe sogar noch die Augen aus.

In der modernen Literatur treten Tauben kaum mehr auf. Wie sie im täglichen Leben an Bedeutung verloren, scheinen sie auch als Mohrträger für literarisches Schaffen unbrauchbar. Daß dem aber keineswegs so sein muß, bewies der 1972 verstorbene Schriftsteller Günther Eich mit seinem berührenden Gedicht *Tauben*. Er gebraucht die Tauben nicht als bloße Symbolfiguren, um Allzumenschliches zu schildern, sondern macht sie zu wirklichen Subjekten seines Textes. Das Ergebnis von soviel Respekt und Einfühlungsvermögen ist ein poetisches Meisterwerk mit philosophischer Tiefe:

Tauben
Taubenflug über die Äcker hin –
ein Flügelschlag, der schneller ist als die Schönheit.
Sie holt ihn nicht ein, sondern bleibt mir
als Unbehagen zurück im Herzen.
Als wäre auch Taubengelächter vernehmbar
vor den Schlägen, den grün gestrichenen Zwerghäusern,
und ich beginne nachzudenken,
ob der Flug ihnen wichtig ist,
welchen Rang die Blicke zum Erdboden haben
und wie sie das Aufpicken des Korns einordnen
und das Erkennen des Habichts.
Ich rate mir selbst, mich vor den Tauben zu fürchten.
Du bist nicht ihr Herr, sage ich, wenn du Futter streust,
wenn du Nachrichten an ihre Federn heftest,
wenn du Zierformen züchtest, neue Farben,
neue Geschöpfe, Gefieder am Fuß.
Vertrau deiner Macht nicht,
so wirst du auch nicht verwundert sein,
wenn du erfährst, daß du unwichtig bist,
daß neben deinesgleichen heimliche Königreiche bestehen,
Sprachen ohne Laut, die nicht erforscht werden,
Herrschaften ohne Macht und unangreifbar,
daß die Entscheidungen geschehen im Taubenflug.

Das Taubenmuseum zu Nürnberg

Karlheinz Sollfrank mit zwei seiner Lieblingsstücke aus seiner Sammlung: das »Doveland« wurde 1911 vom Amerikaner M. Frank Cook gemalt, die »Ornithologia« des Engländers Willoughby stammt aus dem Jahr 1678 und ist das älteste Buch des Taubenmuseums.

Nürnberg ist eine traditionsreiche Taubenstadt: Taubenrassen wie die Nürnberger Lerche, die Nürnberger Bagdette oder die Nürnberger Schwalbe verweisen darauf. Seit Ostern 1991 gibt es in Nürnberg auch ein »Taubenmuseum«. Karlheinz Sollfrank, Vizepräsident des Deutschen Rassetaubenzüchterverbandes, hat seit 1968 – da gelang es ihm, die Büchersammlung des Taubenschriftstellers Möbes zu erwerben – Schriften, Kunstwerke, Gebrauchsgegenstände zum Thema »Tauben« gesammelt.

Mittlerweile hat er rund 10 000 Druckwerke und 20 000 gegenständliche Exponate zusammengetragen. Er sucht und findet die Objekte seiner Sammelleidenschaft in ganz Europa und auch in Übersee, vor allem in den traditionsreichen »Taubenländern« Großbritannien und den USA.

In seiner Kollektion befinden sich so wertvolle Stücke wie das »Columbarium« von Moore aus dem 18. Jahrhundert, das dem Sammler 19 000 D-Mark teuer war, oder die Meißner-Porzellan-Figur einer Trommeltaube aus dem Jahr 1732 im Wert von 17 000 D-Mark.

Doch Karlheinz Sollfrank versucht nicht nur, Taubenkunst zu erhalten: In einer Kleintierzuchtanlage in der Nähe von Nürnberg hält er Fränkische Feldtauben, Fränkische Samtschilder – und Englische Kurzschnäbelige Tümmler.

»Die Englischen Tümmler sind vor allem die Tauben meiner Frau, weil sie so zutraulich sind. Ich züchte fränkische Feldtauben und Samtschilder, weil ich etwas für diese alten Rassen tun möchte.«

Noch muß man sich für die Besichtigung des Taubenmuseums anmelden, Museumspersonal gibt's noch keines, Führungen macht der Hausherr selbst. Und ist zeitweise bereits überfordert: bis zu 18 Reisebusse mit Taubenfreunden frequentieren das Museum pro Wochenende.

Ein Ende von Sollfranks Sammlerleidenschaft ist nicht abzusehen. Seit kurzem versucht er auch die mündliche Überlieferung in Sachen »Taubenzucht« zu erhalten: »Ich sammle jetzt den Wortschatz der Taubenzucht, früher gebräuchliche Fachausdrücke, an die sich heute nur mehr die alten Züchter erinnern und die bald ganz vergessen sein werden.«

»The Joker: flown 500 miles 5 times. Bred and flown by Sam Butler« vermeldet dieses Porträt eines britischen Sieger-Brieftäubers von M. H. Paget aus dem Jahr 1911.

Eine Kostbarkeit aus dem vorigen Jahrhundert: ein orientalisches Mövchen in Öl von einem Meister der Taubenmalerei

Taubenhändler aus dem 18. Jh.

Die Taube in der Populärkultur: zwei Blech-Reklameschilder

Eine Taubenkeramik aus Ungarn

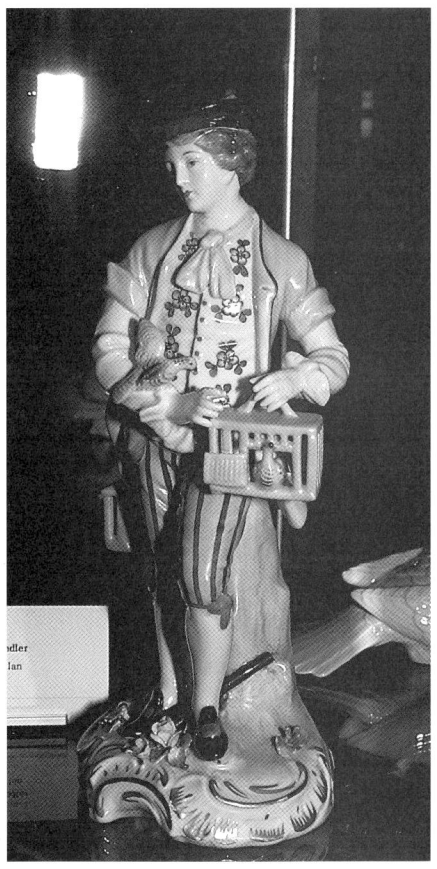

Liebesleben im Taubenhause – vom Alltag der Taube

Die Taube gilt als Liebesvogel, und tatsächlich sind Partner und Nachwuchs ihr Lebensmittelpunkt. Mit fünf bis sechs Monaten werden junge Tauben geschlechtsreif und »verheiraten« sich. Die so früh geschlossene »Ehe« hält, so der Tod sie nicht scheidet, fürs ganze Leben. Zwar kommt es ab und zu zu »Seitensprüngen«, aber Gründe für eine echte Trennung sind nur Kinderlosigkeit und – höchst selten, aber doch – allzu verführerische Tauben-Singles: Leben in einem Schlag unverpaarte Täuber und Täubinnen, kann es geschehen, daß ein »verheiratetes« Tier dem unermüdlichen Werben des Junggesellen oder der Junggesellin erliegt.

Grundsätzlich herrscht bei Tauben Damenwahl: obwohl sie noch gar nicht paarungsreif sind, schließen sich mitunter schon ganz junge Täubinnen dem Täuber ihrer Wahl an.

Um die Dame seines Herzens zu erobern, bleibt dem Täuber nur Tanz und Stimme. Mit aufforderndem »Ruckuh«, aufgeblasenem Kropf und kecken Tanzschritten macht er auf sich aufmerksam. Mit eindringlichen und oft stundenlang andauernden dumpfen Gurr-Lauten – »Murren« genannt – versucht er, das Weibchen in seine Nistzelle zu locken. Die Angebetete zeigt ihr Einverständnis, indem sie sich neben den braven Sänger setzt oder sich schnell nähert, kurz den Kopf des Werbers beschnäbelt und wieder das Weite sucht.

Für welchen Täuber sich eine Täubin entscheidet, ist oft nicht vorhersehbar. Zwar erregen große Männchen mit tiefer Stimme eher die Aufmerksamkeit, auch ein bequemer Nistplatz wirkt anziehend – aber immer wieder werden auch mickrige Täuber, die nur eine dunkle Ecke im Schlag anbieten können, erwählt. Die Liebe geht auch bei Tauben oft seltsame Wege.

Und sie läßt sich auch nicht erzwingen: Obwohl Tauben meist leicht zu verpaaren sind – gemeinsames Einsperren in eine Nistzelle für einige Tage reicht in der Regel aus –, gibt es hin und wieder auch unüberwindliche Abneigungen zwischen den vorgesehenen Ehepartnern.

In der Taubenehe herrscht völlige Gleichberechtigung: Täuber und Täubin beschnäbeln einander zärtlich, bei der Paarung »tritt« nicht nur der Täuber die Täubin, er

fordert diese auch auf, ihn zu bespringen. Nur beim Küssen gibt's den »kleinen Unterschied«: Da steckt »sie« ihren Schnabel in »seinen«, umgekehrtes Liebesfüttern unterbleibt.

Hat sich das Paar gefunden und auch einen Nistplatz ausfindig gemacht, »treibt« der Täuber die Täubin ins Nest. Er verfolgt sie auf Schritt und Tritt und drängt sie mitunter sogar mit Schnabelhieben in die gewünschte Richtung.

Zum »Tretakt« stimuliert sich der Täuber, indem er den Kopf seitlich nach hinten beugt und sich selbst an die Flügeldecken tippt. Duckt sich die Täubin, springt er auf ihre aufgestellten Flügeldecken, hebt die Flügel und beginnt zu flattern, während er seinen Schwanz unter ihren zu bringen versucht. Ein kurzes Zusammentreffen der beiden Kloaken – und schon ist's passiert. Anschließend erhebt sich die Täubin und marschiert hocherhobenen Hauptes davon.

Unmittelbar vor dem Eierlegen steigt die Leidenschaft der Täubin, sie fordert den Partner immer öfter zur Paarung auf. Wenn sie den Nistplatz zur Probe »einsitzt«, »singt« nun auch sie häufig in erregten Gurr-Tönen. Schließlich legt das Weibchen das erste Ei ab, zwei Tage später folgt das zweite. Das erste Ei wird nur bewacht,

die Eltern sitzen locker auf dem Nest. Erst mit dem zweiten Ei beginnt die eigentliche Brut, damit beide Junge zur gleichen Zeit schlüpfen. Die Täubin brütet vom späten Nachmittag bis zum Vormittag, der Täuber brütet tagsüber. In der geschützten Umgebung des Schlages kommt es mitunter aber auch während des Tages zu Brutwechseln.

Die Jungen, blinde, bis auf gelbe Fusseln nackte Nesthocker, schlüpfen nach rund 18 Tagen, sie picken das Ei von innen her an, bis sich eine runde Kappe abhebt. Der Schlupf ist sehr anstrengend, immer wieder muß das Küken rasten. Oft braucht es einen vollen Tag zum Schlüpfen.

Der Täuber trägt die leeren Eischalen aus dem Nest, die Küken werden von beiden Eltern in der ersten Zeit häufig gefüttert. Da die Nestlinge noch sehr schwach sind, nehmen die Elterntiere deren Schnäbel vorsichtig in den ihren und flößen ihnen die sogenannte »Kropfmilch« ein. Tauben sind die einzigen Tiere, bei denen auch der Täuber seine Kinder »säugt«. Denn die Kropfmilch, mit denen die Jungen während der ersten Lebenstage ernährt werden, wird von Täubin und Täuber gleichermaßen gebildet. Dieses topfenartige Sekret entsteht durch die Abschieferung der Kropfschleimhaut und ist so eiweißreich und nahrhaft, daß es Tauben zu den am schnellsten wachsenden Wirbeltieren macht. Gesteuert wird die Bildung der Kropfmilch übrigens vom Hormon Prolaktin, daß auch bei Säugetieren die Milchbildung anregt. Die Jungen stimulieren die Elterntiere durch Piepsen zur Futterübergabe, später, wenn sie kräftig genug sind, um aufzustehen, schlagen sie zusätzlich mit den Flügeln auf den Rücken der Eltern.

Während des Heranwachsens werden die Jungen von beiden Eltern zärtlich bewacht, sobald sie mit etwa drei Wochen das Nest verlassen können, schreiten Täuber und Täubin zur nächsten Brut, bis zu zehn Bruten können so ineinander geschachtelt werden. Das erste Jungen-Paar wird aber weiterhin gefüttert – und von beiden Eltern auch immer wieder liebevoll beschnäbelt.

Der Taubenzüchter trennt Jung- und Alttiere meist, wenn die Jungen vier bis fünf Wochen alt sind. Bleiben Eltern und Kinder zusammen, kann beobachtet werden, daß die Jungen noch lange, nachdem sie selbständig zu fressen gelernt haben, gefüttert werden. Mitunter werden die Jungen auch noch viele Wochen, nachdem sie längst flügge geworden sind, am Nistplatz der Eltern geduldet.

Sind die Jungen endgültig zu »Teenagern« herangewachsen, bleiben sie noch weiter zusammen. Sie schlafen und sonnen sich gemeinsam, gehen mitsammen auf Entdeckungsreisen und putzen sich auch gegenseitig. Zusammen mit anderen Jungtauben bilden sie regelrechte »Jungtierschulen« – und lernen bei gemeinsamen Unternehmungen auch gleich die Liebe kennen: Während einer bestimmten Entwicklungsphase kommt es zwischen den Jungtieren zu »Probepaarungen«, auch das »Küssen« und das Eintragen von Zweigen für den Nestbau wird geübt.

Mit fünf bis sechs Monaten – rassespezifisch auch früher – »verheiraten« sich die jungen Tauben, bis zu zwei Jahrzehnte kann eine solche Verbindung dauern. Und im Gegensatz zu vielen »menschlichen« Ehen wird die Beziehung eines Taubenpaares im Laufe der Jahre stets inniger. Die Zärtlichkeit beim Begrüßen und beim gegenseitigen Putzen wächst, stundenlang sitzen altgediente Paare oft gemeinsam im Nest. Bei Tauben rostet alte Liebe nicht, da strahlt sie in einem besonders milden Glanz.

»Die vorzüglichen Eigenschaften unserer zahmen Haustauben sind Treue und Anhänglichkeit an den Ort, wo sie erzogen worden sind, Liebe und Sorgfalt beim Brüten und Aufziehen ihrer Jungen, Reinlichkeit, Geselligkeit und Sanftmut.«

*Gottlob Neumeister:
Das Ganze der Taubenzucht, 1876*

»Hinsichtlich ihrer großen Neigung zur Geselligkeit findet man selten, daß ein einzelnes Paar einen Schlag (Taubenboden) für sich alleine bewohnen will; sie verlassen vielmehr ihre einsame Wohnung und suchen einen anderen Ort, wo sie in Gesellschaft leben können.«

Gottlob Neumeister:
Das Ganze der Taubenzucht, 1876

Tauben bauen nur sehr unvollkommene Nester, einige Halme oder Zweige reichen. Mitunter brüten sie sogar auf dem blanken Erdboden. Nicht Faulheit steckt hinter dieser Anspruchslosigkeit, sondern die Stammmutter aller Taubenrassen, die Felsentaube: in ihrem Lebensraum ist Nistmaterial rar, da werden die Eier mitunter auch nur in eine Felsnische ganz ohne Polsterung gelegt.

»In Hinsicht der Reinlichkeit gibt es wohl wenige Tiere, welche dieselbe so sehr lieben, als gerade die Tauben.«

Gottlob Neumeister:
Das Ganze der Taubenzucht, 1876

Baden ist der Taube sogar im tiefsten Winter ein Vergnügen: der Spaß im Naß reinigt nicht nur, der Aufenthalt im Wasser regt auch den Kreislauf an.

»Die Tauben besitzen Muth und Furcht und die letztere in einem hohen Grade. Der Muth zeigt sich in ihren Händeln um die Täubinnen, und die Bewahrung ihres Nestes, um die Verteidigung einer Sitzstange oder eines Sitzplatzes, wobei sie dann den Schnabel und die Flügel in Anwendung bringen.«

Gottlob Neumeister:
Das Ganze der Taubenzucht, 1876

»Nähern sich ihnen aber Raubtiere, wie der Iltis, der Mader, die Katze, so löst sich ihr Muth und Zorn sofort in Furcht und Angst auf, ja die Furcht ist so groß, daß gleich alle die Nester und Sitzstangen verlassen und sich, wie die Schafe, in die Ecken des Schlages drängen, oder sie suchen durch die Flugöffnungen zu entkommen, allein die Mehrzahl, durch die Todesangst übermannt, bleibt dicht nebeneinander, wie eine Mauer stehen; kurz alle Regsamkeit, alle Lebendigkeit, jeder Ton der Stimme hat aufgehört und sie erholen sich erst wieder, wenn die Gefahr lange vorbei ist.«

Gottlob Neumeister:
Das Ganze der Taubenzucht, 1876

»Die eheliche Treue ist bei keinem Thiere so fest als bei den Tauben. Wenngleich der Täuber während des Brütens der Täubin, sobald er vom Brutgeschäft befreit ist, sich oftmals andere Täubinnen zum Begatten (Treten) sucht, so hängt er dennoch immer an seiner ihm angehörigen Gattin. Nur selten ereignet sich der Fall, daß er die Täubin samt den Eiern oder Jungen verläßt und sich an ein anderes Weibchen paart. Noch seltener findet man diese eheliche Untreue oder gänzliches Abschneiden von Seiten der Täubin und bei ihr während des Brütens und Aufziehens der Jungen gar nicht.«

Gottlob Neumeister:
Das Ganze der Taubenzucht, 1876

Beim Liebesleben im Taubenhaus herrscht Gleichberechtigung: erst nach ausgiebigen Zärtlichkeiten »tritt« der Täuber die Täubin, dann läßt er sich auch gern von ihr besteigen.

Im Vergleich: Das Ei des Huhnes, der Brieftaube, der Lachtaube, des Diamanttäubchens – zuletzt ein »Hexenei« eines Diamanttäubchens. Hormonstörungen können zur Produktion solch extrem kleiner, unbefruchteter Eier führen.

Ein Bild voll Schönheit und Mütterlichkeit: die Pommernkröpfer-Täubin bewacht ihr erstes Ei. Mit der Brut wird sie erst beginnen, wenn auch das zweite gelegt ist. So sind beide Kücken beim Schlüpfen gleich weit entwickelt.

Noch ist das Junge ein hilfloser Nestling, aber die nächsten Eier sind schon gelegt. Ein Taubenpaar kann es pro Jahr auf 20 Nachkommen bringen.

»Das Alter der Tauben berechnet man gewöhnlich auf 20 bis 24 Jahre; zur Zucht sind sie aber nur 10 bis 12 Jahre tauglich. Das erste Lebensalter der Taube kennzeichnet die piepsende Stimme, der aufgetriebene, weiche Schnabel, seine Räder und Winkel, das ausdruckslose Auge, die Blässe der unbefiederten Theile und das glanzlose Gefieder.«

Gottlob Neumeister:
Das Ganze der Taubenzucht, 1876

Auch der Vater säugt die Jungen: Bei den Taubenvögeln bilden Männchen und Weibchen sogenannte »Kropfmilch«, mit denen sie die Jungen während der ersten Lebenstage ernähren. Die Bildung dieses sehr eiweißreichen Sekrets wird über das Hormon »Prolaktin« bewirkt, das auch bei Säugetieren – und beim Menschen – die Milchbildung steuert.

Liebesleben von Anfang an: Erst beschnäbeln die Eltern die Kinder, dann revanchiert sich der Nachwuchs mit Zärtlichkeit. Auch die flüggen Jungen werden noch einige Zeit von den Eltern gefüttert. Ansonsten sind Tauben unterschiedlich tolerant: manche vertreiben ihre Jungen recht vehement vom Nistplatz, andere dulden sie dort noch viele Wochen lang.

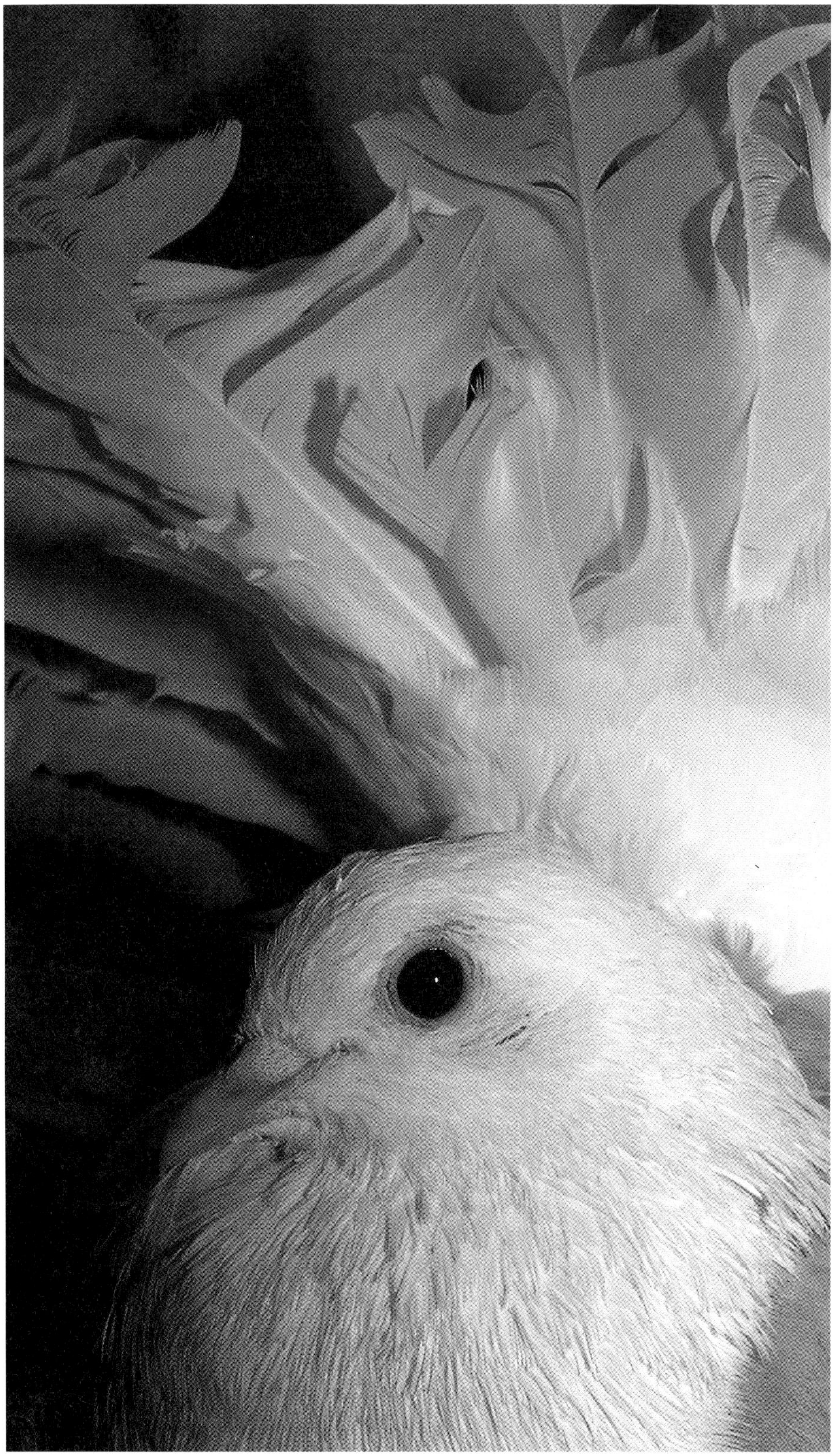

»Die Frage: Wie ist die Täubin von dem Tauber mit Sicherheit zu unterscheiden? ist schwer zu beantworten. Der Taubenkenner selbst wird nicht selten beim einzelnen Urteilabgeben über eine Taube getäuscht.«

Gottlob Neumeister:
Das Ganze der Taubenzucht, 1876

»Das hohe Alter erkennt man leicht an der dicken, hellen, tiefgefurchten, dickbepuderten Schnabelhaut.«

Gottlob Neumeister:
Das Ganze der Taubenzucht, 1876

»In der Haltung erscheint die Täubin etwas schmaler, dünner gegen den Täuber, der eine etwas breitere, vollere Brust und ein kühneres, mutvolleres Aussehen, einen scharfen Blick hat. In dem der Täubin liegt etwas Sanfteres.«

Gottlob Neumeister: Das Ganze der Taubenzucht, 1876

So zahm werden Tauben nur, wenn man viel Zeit bei ihnen im Schlag verbringt.

Nicht nur durchs Schlaraffenland fliegen gebratene Tauben

Das älteste Taubenrezept der Welt stammt aus Ägypten und dem Jahr 2700 vor Christus, und schon ums Jahr 3200 wurde ein Taubengericht in einer ägyptischen Speisefolge erwähnt. Anzunehmen ist, daß Tauben schon viel früher gegessen wurden: Wilde Felsentauben sind zwar schwer zu fangen, aber ihre Jungen sind kurz vor dem Ausfliegen schon recht fett und konnten leicht aus den Nestern geraubt werden.

Die Römer betrieben die Taubenhaltung aus kulinarischen Gründen bereits exzessiv: sie züchteten die Tauben nicht nur, sie mästeten sie auch – und zwar mit mitunter besonders grausamen Methoden. Den Jungtauben wurden die Beine gebrochen und die Augen zugenäht, damit die Elterntiere ihre blinden und bewegungsunfähigen Kinder länger fett fütterten.

Die Römer züchteten auch die ersten »Fleischtauben« – noch heute heißt eine bis zu einem Kilogramm schwere Riesentaubenrasse »Römer«. Im Mittelalter wurden Tauben als Fleischlieferanten vor allem in Klöstern gezüchtet: Taubenfleisch galt als besonders rein, auch als Krankenkost wurde es geschätzt.

Bis ins 18. Jahrhundert war die Taube als Eiweißlieferant wichtiger als Huhn, Rind und Schwein. So gab es etwa in England um 1650 etwa 26 000 Schläge mit rund 10 Millionen Tieren, die Taubenhäuser befanden sich häufig weit weg von den Siedlungen, die halbwilden »Feldflüchter« wurden nur im Winter ein wenig gefüttert, in der warmen Jahreszeit suchten sie sich ihre Nahrung selbst.

Heute werden Tauben vor allem in Südfrankreich und im ehemaligen Ostblock gezüchtet. Die Taubenschläge wurden von »Taubenfarmen« abgelöst, in denen die Tiere wie in der Batteriehuhnhaltung in Käfigen leben und auf dem Fließband Nachwuchs produzieren müssen.

Auch im Fernen Osten und in den Vereinigten Staaten gibt es riesige Taubenfarmen, die Nationaltaube der USA ist eine dicke, flugunfähige Fleischtaubenrasse. Die »King-Taube« – ein seltsamer Name fürs Nationaltier der ersten echten Demokratie der Welt – wird aber auch als Schönheitstaube gezüchtet.

Aphrodisiakum und Tranquilizer – die Taube als Medikament

Mit einer Taubenzunge im Mund kriegt ein Mann jedes Mädchen herum – das behauptete zumindest der römische Schriftsteller Juvenal. Auch das Herz der Taube und ihre Lunge sollten als Liebeszauber dienlich sein und obendrein auch noch die Manneskraft stärken. Ein anderer Römer, Martial, wiederum meinte, daß Taubenfleisch eher dämpfend aufs sinnliche Wollen und Können wirke.

Der Zürcher Zoologe Conrad Gesner rät in seinem 1569 erschienenen Vogelbuch Menschen, die an Lähmungen und Depressionen leiden, eine quer durchs Rückgrat geschnittene Taube aufzulegen.

Der berühmte römische Arzt Galen, 130 bis 199 nach Christus, berichtet gar, daß bei Schädelöffnungen Taubenblut unter die Kopfhaut eingebracht werde, um Blutergüsse im Gehirn zu heilen. Bei solchen Behandlungsmethoden hatte nicht nur der arme Vogel einiges auszustehen. Schonender für Mensch und Tier war dagegen die Behandlung von Gelbsucht und Blasenentzündung: hier wurde – laut Plinius – die Asche von Taubenfedern als Medikament verordnet.

Menschen gegenüber auffallend zärtlich. All das mag sich günstig auf die Seele und in der Folge auch heilsam auf den Körper ausgewirkt haben.

Ein bildschöner Vogel – die Taube in Kunst und Populärkultur

Nicht immer ist die Taube in der bildenden Kunst Hauptperson, manche Gemälde zeigen uns einfach nur, daß sie alltäglich und allgegenwärtig war. So zum Beispiel das Bild »Der Landfahrer«, das Hieronymus Bosch ums Jahr 1500 malte. Das Thema des Gemäldes ist der Mensch auf seiner gefährlichen Wanderung durchs Leben, bedroht von Gefahren, Versuchungen und den Unbillen des Schicksals. Im Hintergrund ein Haus, vielleicht ein Wirtshaus, wahrscheinlicher ein Bordell. Unterm Dachfirst die Tauben vor den Einfluglöchern zu ihrer Wohnung, die aber nur wenig schützt. Das Dach ist schadhaft, die Vögel sind in ihrem Heim Wind und Wetter preisgegeben – ganz wie der »Landfahrer« auf seinem Weg ins Ungewisse.

Eine universelle medizinische Wirkung wurde der Lachtaube nachgesagt. Diese schon vor Jahrtausenden im Orient domestizierte, nicht mit der Felsentaube, sondern mit der Turtel- und Türkentaube verwandte zahmste aller Tauben wurde früher häufig paarweise in kleinen Käfigen in den Wohnstuben gehalten. Angeblich sollte sie sämtliche Krankheiten, die die Hausbewohner bedrohten, auf sich ziehen. Sollten Menschen, die Lachtauben hielten, tatsächlich gesünder gewesen sein als »taubenlose« Personen, liegt das wahrscheinlich eher an einer psychologischen Wirkung des Federviehs: Lachtauben haben einen besonders heiteren Charakter, amüsieren durch freundlich-putziges Verhalten und gebärden sich nicht nur ihrem Partner, sondern auch dem

Mitte des 17. Jahrhunderts malte der Holländer Govaert Camphuysen »Katze und Taube im Fenster«. Im Hin-

tergrund sind die Türme von Stockholm zu sehen, wo der Künstler zu dieser Zeit lebte und wirkte. Die stoischruhige Katze scheint eine Schmuckkassette zu bewachen, die Taube ist trotz der Nähe ihres Feindes ohne Furcht. Klug und seltsam wissend blickt sie dem Betrachter direkt in die Augen. Die Katze wurde als Wächter der irdischen Güter interpretiert, erdgebunden und sterblich. Die Taube als Symbol für die Unsterblichkeit der Seele, sie schwingt sich furchtlos in die Lüfte und läßt alles Irdische ohne Zaudern zurück. Bemerkenswert, daß hier keine weiße Taube dargestellt wurde, sondern ein Vogel jenes Typs, der heute unsere Städte zu Millionen bevölkert.

Die hochartifizielle, romantisierende Malweise der »Präraffaeliten« versuchte in der immer mehr technisierten Welt des 19. Jahrhunderts das Geheimnis der Kunst zu bewahren. 1851 schuf John Everett Millais »Die Rückkehr der Taube zur Arche«. Er zeigt nicht Noah, wie so viele vor ihm, sondern weibliche Passagiere der Arche, wahrscheinlich Noahs Töchter. Bei der Taube scheint es sich um eine Türken- oder Lachtaube zu handeln.

Picasso malte sie sein ganzes Leben lang – bereits eine der allerersten Arbeiten des damals Zwölfjährigen zeigt eine Taube. Schon Picassos Vater war colombophil, sein genialer Sohn gab einer seiner Töchter den Namen »Taube«: Paloma Picasso ist heute eine international anerkannte Designerin. 1949 malte Pablo Picasso eine Taube, die auf Plakaten weltweit für den Frieden warb. Er wählte als Vorbild für seinen Friedensboten ein Rassetier mit Haube und belatschten Beinen.

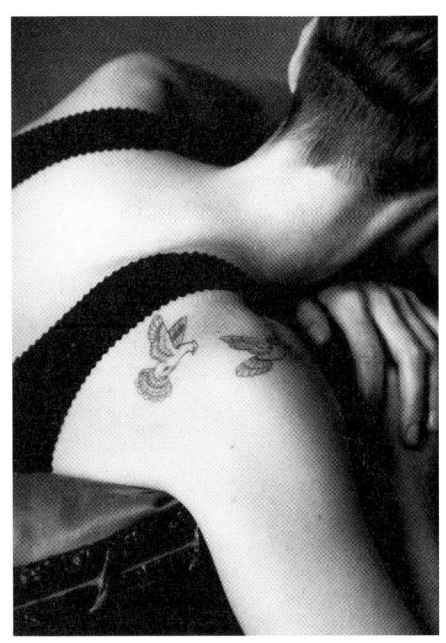

c/o Walt Disney Comp.

Hellstorch, Kiebitz, Kurze, Gansel –
Der Wiener Taubenadel

Nicht von ungefähr erlebte die Rassetaubenzucht ihre Hoch-Zeit im 18. und 19. Jahrhundert. In der Epoche der bürgerlichen Emanzipation blühten auch die Leidenschaften des Bürgertums. Und die Taubenzucht entsprach seinen Idealen in vieler Hinsicht: Der formende Umgang mit der Natur kommt seiner Tatkraft entgegen, die strengen Gesetze der Rassezucht seinem Sinn für Ordnung, die Freude an seltsamen Farben und Formen dem bürgerlichen Hang zu mäßigem Escapismus.

Darüber hinaus entspricht die Taube in vielem der bürgerlichen Moral: Ihre Treue, ihre Seßhaftigkeit, ihre »geordneten« Familienverhältnisse – all das sind auch bürgerliche Tugenden.

Und vielleicht verbarg sich hinter der bürgerlichen Begeisterung für die rassereine Zucht von Geflügel auch der geheime Wunsch, sich das oberste Privileg der damals noch herrschenden Klasse anzueignen: den Adel von Geburt. Genaugenommen ist die Rassezucht von Tieren mit ihrem Kult um Ahnentafeln und Reinblütigkeit eine Parodie der Aristokratie. Im mit Ernst und Ehrgeiz betriebenen Spiel wird die, im realen Leben unüberwindliche Schranke des Geburtsprivilegs symbolisch überwunden.

Am Beispiel der Wiener Taubenrassen soll gezeigt werden, wieviel dem Menschen des 19. und frühen 20. Jahrhunderts der Umgang mit der Taube bedeutete. Heute mag uns die Begeisterung – und auch Opferbereitschaft –, mit der die Züchter jener Tage ihrer Liebhaberei frönten, zumindest kauzig, vielleicht sogar gänzlich unverständlich scheinen. Doch die Geschichte der Wiener und ihrer Tauben ist nicht nur die Geschichte einer »tierischen« Leidenschaft, sie ist auch die Geschichte einer verlorenen Zeit.

Ein echter Wiener geht nicht unter, und wenn die Luft lau und windstill ist, dann steigt er mit seinesgleichen so hoch in den wolkenlosen Himmel, daß ihn auch der scharfsichtigste »Jauker« aus den Augen verliert.

Die »Jauker«, das sind die Wiener-Hochflugtauben-Züchter, und ihre Tauben, rotgestrichte, gekranzelte oder gestorchte Hochflieger, fliegen nicht einfach ins Blaue. Wenn sie im geschlossenen Schwarm – »Stich« genannt – aus dem Schlag schwirren, gehorchen sie einer einzigartigen Choreographie. Direkt über der »Gelegenheit« schrauben sie sich in flirrenden Achterschleifen erst in »Kirchturmhöhe«, dann in »Flimmerhöhe« und sind schließlich ganz verschwunden.

Über 2000 Meter hoch steigen die fliegenden Athleten – und wenn der »Stich« dem Hochflugtaubensport zur Ehre gereichen will, muß er erst einige Stunden in flimmernder Preishöhe verweilen und dann rasant und gemeinschaftlich wieder anfallen am heimatlichen Schlag. Extratouren sind nicht erlaubt: Kehrt auch nur ein Vogel verfrüht oder zu spät zurück, ist das Spiel verloren.

Der »Jauker« genießt die kontemplative Betrachtung seiner makellos flatternden Tiere, beim Wettkampf zählen die Schnelligkeit, mit der die Tauben die »Preishöhe« erreichen, und die Verweilzeit. »Aufgejaukt« wird von Mai bis September, während der gesamten kühlen Jahreszeit bleiben die Vögel in der Enge des Schlages. Nur wenn »Jauktauben« auf kleinem Raum gehalten werden, überkommt sie die Lust zum Hochflug.

Verlorene Jauker-Herrlichkeit: Von den dreißiger Jahren bis zum Januar 1993 züchtete Miroslav Snajdr seine gekranzelten Hochflieger in seinem »Bodn« in Wien-Hernals, an der Ottakringer Straße, dann zerstörte ein Brand den Schlag. Die schlimmsten Zeiten haben seine Tauben heil überstanden: Als im Jahr 1945 bei einem Bombenangriff das Treppenhaus eingestürzt war, kletterte Miro Snajdr täglich über Leitern vier Stockwerke hoch auf den Dachboden. Nach dem Krieg kam seine große Zeit, 1952 und 1953 wurde er Hochflug-Meister – doch dann ging's bergab. »Mit uns stirbt der Sport aus!« klagt er im Kreise seiner Vereinskollegen. »Aber geh, wir sind ja noch nicht tot!« trösten ihn die.

Für Zoologen mag die angeborene Eigenwilligkeit ihres Flugstils interessant sein, unter Taubenliebhabern sind die »Wiener Hochflieger« eine Legende.

»Im stilreinen Hochflug überbieten die Wiener Hellstörche sämtliche Tauben der Welt!« schrieb etwa der deutsche Experte Edmund Zurth 1956 in seinem Standardwerk »Die Welt der Tauben«, und in den fünfziger Jahren erlebten die Wiener Hochflieger auch ihre letzte Blüte. Zwar berichtet der DDR-Tierarzt und Taubenkenner Kurt Vogel noch 1984 von Hochfliegern in Wien – »Ausgesprochene Rekorde gibt es vor allem in den Hochburgen des Flugtaubensports Budapest und Wien mit den heute noch weit über 1000 registrierten Züchtern in jeder dieser Großstädte.« –, doch er kannte den Hochflugsport nur mehr vom Hörensagen.

Mit dem Wirtschaftswunder der frühen sechziger Jahre kamen andere Freizeitvergnügen als die Taubenzucht in Mode. »Schaun S', heut haben die jungen Leut' ein Auto«, sagt Miroslav Snajdr, Jahrgang 1912 und Obmann des »Komitees der vereinigten Hochflugtaubenvereine Österreichs«. Mehr als sieben Jahrzehnte lang ließ er seine Hochflieger in den Himmel über Ottakring steigen. Doch heute sind die Zeiten, wo es eine prickelnde Sensation war, fliegenden Tauben nachzuschauen, vorbei: »Als ich jung war, hab ich schon um vier, fünf Uhr in der Früh aufgjaukt, weil da waren in Hernals und Ottakring zwei-, dreihundert Jauker, wenn die ihre Tauben auslassen haben, hast deine eigenen gar nicht mehr herausgefunden.«

Heute gibt es in Wien selbst nur noch gezählte zwei Hochflugtaubensportler, im Umland einige wenige mehr. Das ehrfürchtige Staunen vor der Flugkunst der Vögel ist lange verflogen, die Wiener haben Besseres zu tun, als in die Luft zu schauen. Sie sind selbst mobil geworden, amüsieren sich bei Fernreisen und Ferienflügen.

Die Leidenschaft für die Taube ist in Wien vergessen, aber noch in den zwanziger und dreißiger Jahren hatte die Taubenzucht hier Hochkonjunktur, vor allem in den Arbeiterbezirken gab es nahezu in jedem Haus einen Taubenschlag, entweder einen »Taubenboden« unterm Dach oder einen »Taubenkobel« im Hinterhof. Gezüchtet wurden zahlreiche Rassen – dicke Fleischtauben wie die Mährischen Strasser, Schönheitstauben wie Kröpfer oder Pfautauben und natürlich die Wiener Lokalrassen: Ziertauben wie Wiener Kurze oder Weißschilder und eben die berühmten »Wiener Hochflieger«.

»Die Wiener Burzeln« – alles beginnt im Flug

Eine vollständige Chronik der Wiener Taubenrassen erschien erstmals 1926 in der kleinen, illustrierten Schrift von Franz Panek »Die Wiener Tümmler«, Dr. Paul Trübenbach Verlag, Chemnitz. Der Autor hatte hehre Beweggründe: »Meine Arbeit will den Anfänger in Geschichte, Pflege, Zucht, Vereins- und Ausstellungswesen so einführen, daß die heranwachsende Generation den eigentlichen Zweck ›Die Hebung und Förderung der Wiener Tümmlertaube‹ verstehen lernt.«

Den Ursprung der Wiener Taubenrassen ortet Panek bereits im alten Vindobona, »da die Römer bekanntlich große Federvieh-Enthusiasten waren«.

Erste schriftliche Berichte über die Taubenhaltung in Wien datieren ins 17. Jahrhundert. Im »Wienerischen Diarium«, dem Vorgängerjournal der heutigen »Wiener Zeitung«, das im Jahre 1703 erstmals erschien, wird vom Ziegeleibesitzer Johann Thury berichtet, der am Hofe von Kaiser Ferdinand III. – 1608 bis 1657 – diente und sich nach seiner Pensionierung im Jahr 1647 an der Stelle des Dorfes Siechenhals, wo ehedem ein Pestlazarett eingerichtet war, niederließ. Die Ortsbezeichnung »Thurygrund« erinnerte noch lange an sein Anwesen. Johann Thury galt als leidenschaftlicher Taubenzüchter, was eine Federzeichnung seines mit zahlreichen Tauben bevölkerten Gartens im »Wienerischen Diarium« belegte. Als die Türken nach der zweiten Belagerung Wiens 1683 den Rückzug antraten, sollen sie Thurys Haus zerstört und dessen Tauben mit sich genommen haben.

Taubenliebhaberei um 1880:
Zwei Idealisten und einst berühmte Züchter von Wiener Tümmlern, Herr Otto Reuther und Herr Heinrich Zaoralek – mit diesen Worten vorgestellt in »Die Wiener Tümmler« von Franz Panek.
Taubenzucht war Männersache und eine höchst ehrenwerte Beschäftigung. Im Ausstellungskäfig zwei dunkle Wiener »Kurze«.

Genaugenommen kehrte das geraubte Federvieh aber nur dahin zurück, woher es mit großer Wahrscheinlichkeit gekommen war. Denn alle europäischen Haustaubenrassen – und damit auch die Flug- und Ziertauben des Johann Thury – stammen ursprünglich aus dem

»Die Wiener Tümmler« – Eine Chronik der Taubenzucht in Wien aus dem Jahr 1926

Nahen oder auch ferneren Osten. Noch heute stehen im Orient Flugkunst-Tauben wie Roller, Ringschläger oder Sturzflugtauben hoch im Kurs. In Europa wurden Flug-Akrobaten, die sich in der Luft überschlugen, unter dem Begriff »Tümmler« zusammengefaßt, im Süddeutschen Raum werden sie »Purzler« genannt – in Wien schlicht »Burzeln«. Die erste, Ende des vorigen Jahrhunderts erstellte Musterbeschreibung für die Wiener Lokalrassen, die das ideale Aussehen der Tauben vorgibt, nennt sich denn auch »Standard der Wiener Burzeltauben«.

Die »Burzeln« waren eine bunte Gesellschaft: der geografische Ursprung der urtümlichen »Flug-Kiebitze« ist ungewiß. Die hellen, zarter gebauten »Wiener Hochflieger« mit fast weißer Iris, dem sogenannten »Perlauge«, stammen mit ziemlicher Sicherheit aus Indien. Im Jahr 1887 brachte der Triestiner Schiffsarzt Dr. Binder helle Tümmlertauben aus Kalkutta nach Wien – die den hier heimischen Flugtauben in vielen Merkmalen aufs Haar glichen.

Die kurzschnäbeligen »Wiener« mit ihren dicken Augenringen wiederum gehen auf die Berbertaube – auch »Indianer« genannt – zurück: Diese kurzschnäbeligen Warzentauben wurden in den Wiener Taubenbestand eingekreuzt.

Ursprünglich waren alle Wiener Rassen Flugtauben, erst im 19. Jahrhundert wurde getrennt nach Schönheit und Flugleistung gezüchtet. Das Ergebnis waren sehr leistungsfähige Hochflugtauben und extrem geformte Taubenschönheiten, die kaum mehr flugfähig waren und so gut wie kein Orientierungsvermögen mehr besaßen.

Von der Tauben-Liebhaberei zur Tauben-Kultur

Fröhliche Urständ' feierte die Wiener Colombophilie im Biedermeier – die Beschäftigung mit dem Hausgeflügel entsprach dem für die Epoche charakteristischen Rückzug ins Private. Grundlage für den Aufschwung der Taubenliebhaberei waren natürlich auch ein bescheidener Wohlstand sowie die Stabilität der politischen Verhältnisse, welche den Bürgern – aber auch den »kleinen Leuten« – zu Muße und Mitteln für ihr Steckenpferd verhalfen.

Schon 1837 berichtete Frater Hilarion Jermann vom Orden der Barmherzigen Brüder in einer vogelkundlichen Abhandlung von »Kreisziehertauben« im Himmel über Wien. Um 1850 erlebt der Hochflugtauben-Sport eine erste Blüte: über 250 Schwärme sollen sich an klaren Sommertagen in den Himmel über Wien geschwungen haben.

Das Taubenfieber überwand alle gesellschaftlichen Schranken. Bei sogenannten »Tischgesellschaften«, die sich in bestimmten Gasthäusern zusammenfanden, zählte nicht der soziale Status, sondern einzig die Begeisterung fürs Federvieh, wie Heinrich Zaoralek, Prokurist bei der noch heute existierenden Weinhandelsfirma Kattus und in den zwanziger Jahren verstorbener

Pionier der Taubenzucht, berichtete. »Rang- und Standesunterschiede trennten richtige Taubenfreunde schon damals nicht: reiche Bürger, Großkaufleute, Hofopernsänger, Beamte aller Kategorien, kleine Geschäftsleute und schlichte Arbeiter kamen an gewissen Tagen, zumeist an Samstagen, in einem gemütlichen Plausch zusammen.«

Am 4. Mai 1874 wurde dann der »Erste Wiener Geflügelzüchter-Verein« gegründet, 1881 konstituierte sich die »Gesellschaft der Taubenfreunde«, 1897 schließlich der »Wiener Tümmler-Club«. Dieser führte auch einheitliche Fußringe ein, die es ermöglichten, die Besitzverhältnisse der Tiere eindeutig festzustellen, und Erwerb und Verkauf der Tauben erleichterten.

In den folgenden Jahren kam es immer wieder zu Neugründungen von Vereinen. Und zum Vereinsleben gesellte sich Vereins-Kultur: in Fachblättern wie dem »Österreichischen Taubenzüchter« wurden Standard-Fragen und Haltungsprobleme diskutiert, bei Wettbewerben und Ausstellungen Zucht-Sieger ermittelt, auf Musterkarten und Ehrenurkunden erstrahlten die Wiener Tümmler in idealer – und manchmal beinahe erreichter – Pracht.

Der Wiener Tümmler – ein Bild von einer Taube

Die Taubenmalerei war eine angesehene Kunst im 19. Jahrhundert, Maler wie Witzmann oder Bungartz stellten Hunderte Rassetauben bildlich dar, peinlich genau darauf bedacht, die Tiere genau so zu zeigen, wie es der ideale »Rassestandard« verlangt. Die ersten originalen Abbilder von Wiener Tümmlern erstellte im Jahr 1882 der renommierte Hamburger Tiermaler Jean Bungartz – und er arbeitete nach der Natur, wie er selbst berichtete: »Bereits zu Anfang der achtziger Jahre hatten wir Gelegenheit, die Elite des Wiener Flugtaubensports in Wien selbst kennenzulernen und zu bewundern, und Freund Zaoralek machte uns mit dieser schönen und vornehmen Taubengruppe näher bekannt. Vor kurzem nun gelang es uns, durch die Güte und Liebenswürdigkeit des genannten Herrn eine Sendung der verschiedenen Tümmler leihweise zu erhalten, um an ihnen eingehende Studien zu einem demnächst erscheinenden Prachtwerk anstellen zu können.«

1882 porträtierte der berühmte Tiermaler Jean Bungartz drei Idealtypen von Wiener Tümmlern: einen schwarzen »Kurzen«, einen »Dunkelstorch« und ein »Gansel«. Die lebenden Vorbilder für sein Gemälde ließ sich der Künstler aus Wien schicken.

Dem Kunstliebhaber und dem unbedarften Beobachter mögen die Abbildungen in den »Tauben-Musterbüchern« flach, leblos und unnatürlich erscheinen, doch sie sollen auch nicht reale Tiere darstellen, sondern deren Idealbilder. Sie verkörpern die Vorstellung von Perfektion in Form, Farbe und Zeichnung, an die der Züchter sich annähern, die er aber kaum je erreichen kann. Die Diskrepanz zwischen dem starren, aber perfekten Vorbild und dem stets mangelhaften Lebendigen mutet seltsam an. Und sagt nicht nur über den Fanatismus der Taubenzüchter, sondern über die menschliche Natur generell einiges aus: eine bedingungslose Hingabe an abstrakte, den Prinzipien des Lebens mit-

Die geborene Schönheitskönigin. Diese »moderne« Kiebitz-Täubin, gerade fünf Wochen jung, ist der Stolz ihres Züchters Philipp Reister. Die Liebe zu den »Wienern« hat ihn schon in den dreißiger Jahren im heimatlichen Novisad, im heutigen Kroatien, gepackt: »Schon mein Vater hat ›Wiener‹ gezüchtet, aber ich habe mich damals, als Bub schon, mit der Vererbungslehre, mit den Mendel'schen Gesetzen befaßt. Gleich bei der ersten Ausstellung hab ich meinen Vater geschlagen. Der hat einen solchen Zorn gehabt, daß er meinen Tauben, sechs gelben Kiebitzen, den Hals umgedreht hat. Aber ich hab' heimlich bei meiner Großmutter weitergezüchtet. Bei der nächsten Ausstellung hat er dann gesehen, daß er gegen mich nicht gewinnen kann, und hat aufgegeben.« Nach Österreich ist Philipp Reister Anfang der sechziger Jahre gekommen – dreißig Stück Kiebitze reisten mit der Bahn in die neue Heimat.

Herrenrunde im Gasthaus »Strohmeier« im Jahre 1936 beim Betrachten von vorbildlichen kurzschnäbeligen Wiener Tümmlern. Die Brüder Strohmeier waren selbst leidenschaftliche Wiener-Tauben-Züchter, von den neunziger Jahren des vorigen Jahrhunderts bis in die frühen sechziger Jahre fand im Garten ihrer Wirtschaft jeden Sonntag Wiens größter Taubenmarkt statt.

Poesie der Perfektion:
Wiener Tümmler von Jean Bungartz

Taubenliebhaberei mit Pinsel und Farbe. Jeden ersten Sonntag im Monat kommt Erich Rumpler, im bürgerlichen Beruf Maler- und Anstreichermeister, nach Wien, um an den Vereinssitzungen des »Komitees der vereinigten Hochflugtaubenvereine Österreichs« teilzunehmen. Zuhause ist er in Berndorf, wo er in seinem »Hochflugkasten« an die sechzig Wiener Tümmler hält. Für Vereinskollegen und als Ehrengabe für ausländische Züchterfreunde malt er Wiener Tauben auf Gläser, Teller und Urkunden, meist nach Vorlagen aus alten Büchern und Zeitschriften.

unter sogar widersprechende Ideale findet sich ja in zahlreichen Lebensbereichen.

Taubengemälde schmückten nicht nur Tauben-Musterbücher – wie etwa das legendäre Mustertaubenbuch von Prütz, das 1886 erschien. Auch für Taubenliebhaber und Vereine wurde gemalt. Die Wände der Gastwirtschaft Strohmeier, die von den neunziger Jahren des vorigen Jahrhunderts bis in die frühen sechziger Jahre den bedeutendsten Taubenmarkt Wiens beherbergte, waren mit Ölgemälden zahlreicher Taubenrassen geschmückt, von denen allerdings keines den Abriß des Gasthauses im Jahr 1962 überlebt hat.

Überlebt hat allerdings die Taubenmalerei, heute werden vorwiegend Ehrenzeichen und Urkunden mit gepinselten Tauben geschmückt. Als Zuchtvorbilder in Zeitschriften und Tauben-Lexika dienen mittlerweile allerdings fotografierte Idealtypen – auch sie wirken meist seltsam leblos, im Gegensatz zu den gemalten Idealbildern allerdings ganz ohne künstlerische Überhöhung.

Vom Wert der Tauben

Die Musterbücher boten den Taubenzüchtern Orientierung – die zweite Quelle der Inspiration waren Taubenausstellungen. Hier traf sich alles, was in der Taubenwelt Rang und Namen hatte, zu großen Schauen reisten Delegationen aus aller Herren Länder an. Die erste Taubenausstellung in Wien fand am Dreikönigstag 1856 im Gasthaus Manaschek »Zur Traube« in der Wiener Leopoldstadt von zehn Uhr vormittags bis drei Uhr nachmittags statt. An diesem 6. Januar wurden ausschließlich Wiener Tümmler gezeigt, wie Franz Panek berichtete: »Es gelangten Preise im Wert von 300 Gulden, d. h. Maria-Theresien- und andere Taler, geschmackvoll dekoriert, zur Verleihung, und ich verwahre von dieser Ausstellung als Reliquie zwei eingerahmte Preise zu je zwei Dukaten, die meinem Vater auf dunkelgestorchte Wiener Tümmler verliehen wurden.«

Die Taubenzucht war eine Liebhaberei, doch in ihren Hoch-Zeiten wurden auch beträchtliche Summen umgesetzt. Schon im Biedermeier bezahlten wohlhabende Taubenfreunde 100 Gulden und mehr für eine »Taube von Kopf und Schnabel«, wie die Rassetauben damals genannt wurden. Reiche Liebhaber würdigten tüchtige Züchter auch immer wieder mit wertvollen Geschen-

In früheren Zeiten waren Ehrenpreise oft auch materieller Wert, heute sind Pokale, Medaillen und Urkunden »nur« noch Ehrengaben und der Stolz des ausgezeichneten Züchters.

ken. Meerschaumpfeifen und Rauchspitzen aus Bernstein waren besonders beliebte Ehrengaben. Franz Panek: »Einzelne Stücke kosteten oft bis zu 20 Gulden, und ich war Augenzeuge, wie bei einer im Jahre 1859 abgehaltenen Schau auf dem Käfig, der ein hochedles Paar Wiener Tümmler, Eigentum des auch längst verstorbenen Schmiedemeisters Krepp, beherbergte, neun sogenannte altgeraucht Meerschaumpfeifen aufgestapelt waren; der Mann heimste somit Liebesgaben von mindestens 100 Gulden ein. Er ließ sich aber auch nicht spotten, wenn ihm bei einem derartigen Anlasse ein in anderen Händen befindliches Taubenpaar besonders gefiel.«

Die ersten Ausstellungen wurden von wohlhabenden Gönnern ausgerichtet. Einer dieser Mentoren war zum Beispiel Edmund Göschel, Prokurist des Bankhauses Sina, der 1867 eine reich dotierte Schau für Tümmler und andere Haustauben im Gasthaus »Zum Bären« in Neulerchenfeld veranstaltete.

Auch der oben erwähnte »Erste Wiener Geflügelzuchtverein« feierte seine Gründung 1874 im Folgejahr mit

Hayeks Weinschank in Wien-Meidling: hier hatte der 1897 gegründete »Wiener Tümmler Klub« seinen Sitz.

einer Ausstellung: 1875 stellten die 365 Mitglieder für drei Tage ihr schönstes Federvieh zur Schau. Und anläßlich der Gründung des ersten Vereins, der »Gesellschaft der Taubenfreunde«, die sich ausschließlich der Förderung der »Wiener«-Tauben widmen wollte, wurden am 6. Januar 1882 im Gasthaus Kobinger in Gaudenzdorf – einem Teil des heutigen sechsten Wiener Gemeindebezirks – 196 Paare Wiener Tümmler gezeigt.

Die Taubenschauen erfreuten sich auch allerhöchster Gunst: Für die 1. Allgemeine Jubiläumsausstellung des im September 1893 gegründeten »Ersten österreichischen Vereins der Taubenzüchter« am 4. Februar 1895 übernahm Ihre Hoheit Prinzessin Wilhelmine Montleart, Herzogin zu Sachsen-Curland, den Ehrenschutz, und in der Liste der Ehrenmitglieder findet sich auch Ludwig Villa-Secca, Freiherr von Novarro d'Andrade. Bei der 30-Jahr-Jubiläumsschau des »Ersten österreichischen Geflügelzuchtvereins« wiederum, die vom 21. bis 24. Mai 1914 im Vereinshaus im Wiener Prater unter dem Protektorat des damaligen Landwirtschaftsministers Dr. Franz Zenker stattfand, spendierten Nobilitäten wie Erzherzog Franz Ferdinand, Graf und Gräfin Attems-Gilleis oder Viktor Mautner Ritter von Markhof silberne Pokale, Kassetten für Zigarren und Zigaretten und Geldpreise.

Eine Liebhaberei für honorige Herren

Heute mag der Terminus »Taubenzüchter« nach Schrulligkeit klingen, doch in jenen Zeiten, wo es noch keine »Freizeitgesellschaft«, noch kein Fernsehen und keine Vergnügungsindustrie gab, war die Beschäftigung mit Tauben eine höchst ehrenwerte Tätigkeit – für den Mann.

In sämtlichen Bilddokumenten, in allen schriftlichen Zeugnissen der Taubenbegeisterung spielen beinahe ausschließlich Männer eine Rolle. Und in der gesellschaftlichen Rollenverteilung liegt auch der Grund für die männliche Dominanz: im 19. Jahrhundert war das Leben der Frauen von den drei Ks – Kinder, Küche, Kirche – bestimmt. Neben dem arbeitsreichen Alltag war kaum Zeit für Zerstreuungen – und falls doch, mußten auch diese zum weiblichen Rollenbild passen. Das einzige gesellschaftlich sanktionierte Steckenpferd einer Frau war die Handarbeit: Sticken, Stricken, Nähen.

Die Taubenzucht ist eine Welt der Männer – es scheint, als würden sie sich dort jene Gefühle gestatten, die ansonsten eines Mannes nicht würdig sind. Zärtlich betrachten die Herren ihre Täubchen, hantieren sanft und voll Zärtlichkeit mit dem Federvieh, schwelgen in beinahe »unmännlich« zu nennenden Schwärmereien.

Fachmännische Begutachtung von »Wiener Kurzen« im Gasthaus Strohmeier

Vereinsfeier in den dreißiger Jahren

Zusammenkunft von »Taubenjockeln« nach dem Krieg

Doch die Liebe des Taubenzüchters zum Objekt seiner Begierde ist nicht nur sentimental, er liebt ausschließlich, was seinen hohen Anforderungen entspricht. Erich Fromm hat in »Die Kunst des Liebens« zwischen der bedingungslosen, alles verzeihenden Liebe der Mutter und der fordernden Liebe des Vaters unterschieden. Taubenliebhaber sind strenge Väter, nur das Perfekte findet Gnade vor ihren Augen, alles andere wird ausgemerzt. Sie sind die Herren der – geflügelten – Schöpfung, Frauen lieben auch – und oft sogar besonders – das Unvollkommene. Die weibliche Liebe ist immer auch mitleidig – aber Mitleid ist die denkbar schlechteste Voraussetzung für eine erfolgreiche Zuchtauslese.

Taubenzucht ist Männersache, den Frauen war sie häufig ein Dorn im Auge, wie man aus einem Artikel eines Herrn Edmund Waclawowicz im »Österreichischen Taubenzüchter«, Ausgabe Mai 1936, erfahren kann: »Wenn ich mich heute an die Züchter-Frauen … wende, so geschieht das … um Unglück abzuwenden; denn es dürfte vielen von ihnen nicht bekannt sein, daß die Haltung und Züchtung von Tauben eine Leidenschaft für den Mann ist, der oft auf manches schöne andere im Leben verzichtet, aber seine Tauben nicht missen kann. Für ihn sind diese Tierchen alles … Wenn er nun … eine Frau an seiner Seite hat, die für seinen Sport kein Verständnis, für seine Lieblinge nur harte Worte übrig hat und die … vom frühen Morgen bis in die sinkende Nacht über das »horrende« Futtergeld für die »Mistviecher« zetert, dann kann es vorkommen, daß … der Mann sich schweren Herzens von seinen Tieren trennt. Des Züchters Frau ist … Siegerin geblieben – heimlich triumphiert sie. Nun kommt die Schattenseite dieses … Schritts. Jetzt, da der Züchter seine Lieblinge nicht mehr hat, sieht er erst … wie leer es um ihn geworden ist. Fort muß er, um sich eine andere Zerstreuung zu suchen. Und wo findet er diese, sicher im Wirtshause … Und immer weniger ist der Mann in seinem Hause anzutreffen, immer länger sitzt er im Wirtshaus, um seinen Kummer zu vergessen. Schließlich findet er Ersatz für seine Tauben in einem ›Täubchen‹ – und die kostet ein Bedeutendes mehr an ›Futtergeld‹, als alle seine Tauben zusammen verbrauchten. Viel zu spät sieht die arme Frau, was sie für ein Unheil angerichtet … Jetzt erinnert sie sich, daß da einmal ein Fachblatt für Taubenzüchter ins Haus kam … und sieht nach der Adresse der Redaktion. Die … muß helfen … Und so kamen mir schon etliche Tragödien zu Ohren, die nicht sein brauchten, wenn die Frauen mehr Verständnis für den Sport der Männer hätten … Darum Züchter-Frauen, mehr Einsicht und Verständnis für uns Taubenjockeln!«

Krisen und Kriege

Einen Nachteil haben die formidablen Wiener Hochflugtauben – sie sind flüchtig. Wenn ein Hochflieger den Himmel erblickt, zieht es ihn unwiderstehlich hin, hinauf will er, muß er, höher und höher. Mit seiner Orientierung ist es dagegen oft nicht weit her. Eine kleine Störung, die Silhouette eines Raubvogels, eine jähe Windböe oder eine unvorhergesehene Wolkenbank, und schon dreht der gesamte Schwarm ab und ist auf und davon. Einen »Marsch« nennt der Jauker so ein unglückseliges Ereignis, und wenn er Pech hat, sieht er von keinem einzigen Vogel jemals auch nur wieder eine Schwanzfeder. Wenn er Glück hat, kehren Einzeltiere nach ein, zwei Tagen zurück. Unzählige Schwärme von Hochfliegern gingen so verloren. Noch weniger Orientierungssinn besitzen die Zier-Rassen. Sie wurden ausschließlich auf Schönheit gezüchtet, da gingen die natürlichen Instinkte verloren.

Daß die »Wiener« in ihrer langen Geschichte immer wieder vom Aussterben bedroht waren, hat aber ganz andere Gründe. Schon um 1880 kamen Tauben in Wien vorübergehend aus der Mode, Franz Panek nennt als Grund die Schließung des Lerchenfelder Taubenmarktes, der in dieser Zeit der Haupttreffpunkt der Taubenfreunde war: »… viele gaben daher die Zucht auf, da diese auch ohnehin mit den örtlichen Verhältnissen der Großstadt zu kämpfen hatte. Die … Zwischenhändler … benutzten die Gelegenheit, das ganze Material, das sie sonst nie in die Hände bekommen hätten, aufzukaufen und es ins Ausland zu senden. Der Kurssturz war so rapid, daß dem Kenner und Züchter weh wurde ums Herz ob dieser Schleuderei.«

Später sollten sich die ins Ausland exportierten »Wiener« allerdings als wertvoller Gen-Pool erweisen: Immer wieder wurden Tauben aus Deutschland, Ungarn und anderen europäischen Ländern rückimportiert, um geschwächte Bestände aufzufrischen.

Doch die »Wiener« landeten nicht nur im Ausland, manche dienten auch heute seltsam anmutenden Bräuchen. »Ich will aus dieser Zeit folgenden selbsterlebten Fall erzählen«, berichtet Franz Panek aus den Jahren um 1880. »Um einem gestorbenen Familienangehörigen zu Allerheiligen das Grab mit einer weißen Taube mit Vergißmeinnicht im Schnabel zu schmücken, ging ich zu einem mir jahrelang bekannten Tierpräparator. Ich traute meinen Augen nicht, als derselbe mir nicht weniger als 13 Stück frisch erwürgte Kurzschnabeltümmler zur Auswahl vorlegte.«

Diese Täubchen endeten auf dem Friedhof, andere im Kochtopf. Überzählige Tiere wurden ja seit jeher zu Suppe und zartem Taubenbraten verarbeitet, in den Hungerzeiten der beiden Weltkriege und der Nachkriegszeit mußten aber auch die kostbarsten Rassetauben daran glauben.

Doch nicht nur hungrige Züchterfamilien und deren Haus-Mitbewohner dezimierten den Taubenbestand. Immer wieder starben die Tiere selbst mangels Körnerfutter. Aus dem Jahr 1945 berichtet Josef Farneck: »Obwohl wir heute auch noch etwa ein Dutzend Vereine in Wien im Taubenverband haben, ist es leider in Folge der schrecklichen Futternot traurig bestellt, und so manches Mal findet man dort, wo einst sechzig Tauben flogen, nur noch sechs Stück.«

Auch als ihm ein Taubenfreund aus Schweden 1949 einen Besuch abstattet, hat sich die Lage kaum gebessert: »Wien, du Stadt meiner Träume, Lobau, Donau, Wienerwald, Schönbrunn – Musik, Romantik, Poesie, Schönheit. Wenn man doch gelebt hätte, daß man 1880 gestorben wäre! Ich kam am Wiener Ostbahnhof an, russische Zone, sehr spät im September dieses Jahres. Der Bahnhof lag in Trümmern, und von Lautsprechern in der Nähe kamen russische Soldatenlieder. ... Ein Zeitungsartikel gab mir zu denken: 500 Menschen spurlos verschwunden im russischen Gebiet. Das wertvollste, das ich mithatte, war die Adresse von Herrn Josef Farnek, einem siebzigjährigen Gentleman mit weißem Haar und einer Rasierbürste im Hut. Er erzählte vom alten Wien, wo er und andere die kurzschnäbelige Wiener Taube gezüchtet haben. Mit der geht es jetzt zu Ende, nur neues Blut aus Schweden kann sie noch retten. ... Schwarze gibt's in Wien nur noch zwei, und die sind Männchen. Dasselbe mit blau: drei Männchen, keine Weibchen... Wiener Hochflieger und blaue Kiebitze gibt es mehr, die haben es, weil sie frei fliegen können, leichter, Futter zu finden... Am letzten Tag in Wien fuhr ich nach Schönbrunn. Wir sahen Maria Theresias Taubenhaus. Das ist schon 200 Jahre alt – aber jetzt gibt es keine Tauben mehr.«

Neues Taubenleben aus den Trümmern:
Die Zuchtanlage der Herren Friesinger und Siegel im Mai 1974 in Wien 5, Arbeitergasse 42, zwischen Bombenruinen auf dem Dach des einstöckigen Hauses sind die drei Schlag-Ausflüge zu sehen. Zwei Jahre zuvor schildert Josef Farneck die Lage kurz vor Kriegsende, der Bericht des damals fast Siebzigjährigen zeigt nicht nur die Hoffnungslosigkeit der letzten Kriegstage, sondern auch, wie viel den Wiener Züchtern ihre Tauben bedeuten:
»1945 war es, an einem nebli, feuchten Februar-Sonntag, als sich die allzeit Getreuen der Wiener Taubenliebhaberei bei Strohmeier in Meidling versammelten... Wie aber waren sie überrascht und schmerzlich berührt von dem Geschehenen!... Die Dachziegel lagen im Hof zertrümmert, die drei Taubenböden, die sich in jenem alten Wiener Biedermeierhaus befanden, zerstört, das kostbare Taubenmaterial irrte fliegend in der Luft herum oder saß auf den

Mauerresten – kurz, es war ein Bild des Grauens. Die im Hof befindlichen Taubensteigen mit ihren mehrstöckigen Aufbauten lagen zerstückelt herum…

Man sah allenthalben verstörte Gesichter, und indem wir im Hof über die Trümmer kletterten, kamen wir zum Entschluß, die Trümmer, so gut es geht, wegzuschaffen, um unserer Liebhaberei wieder frönen zu können. Freilich wird mancher denken, zu so einer Zeit, bei solchen elementar wuchtigen und traurigen Ereignissen passe es nicht, sich einer Liebhaberei aus der Jugendzeit hinzugeben… Aber gerade doch, wir lassen uns nicht unterkriegen und mag das Kriegswetter noch so dräuen. Wir trotzen auch in dieser kleinen, nebensächlich erscheinenden Sache und halten durch. Ein Unglück kommt selten allein, arg traf es den Obmann des Wiener Tümmler Clubs, Herrn Friesinger. Sein vier Stock hohes Haus wurde Anfang September total zerstört, und der Kriegsgott forderte unter anderen Opfern auch seine Schwägerin, Elsa Friesinger. Der Vorsitzende war eben auf dem Heimweg von der Taubenbörse, als ihn der Angriff ereilte. Es ging ein großer Teil, man sprach von 70 Prozent des Bestandes, an edlen Wiener Tauben verloren. Ein von mir mit einem Namensfußring versehener lustiger, weißgespritzter kurzer Tauber brach sich ein Bein durch den herabstürzenden Taubenboden. Er war aber bald wieder auf der Höhe, heute merkt man dem kleinen Kerl nicht mehr an, was er mitgemacht hat. Daraufhin gab Herr Friesinger sein feines Material zu Strohmeier, dort traf, wie oben erwähnt, abermals der Luftdruck seine Beute, allerdings ohne Schaden am Taubenbestand anzurichten. Professor Roth, der seine kurzen roten Wiener ebenfalls bei Strohmeier hatte, gab sein Material zu Freund Smutny, dem Spezialisten für geganselte Wiener, der immer große Opfer für seinen Sport brachte. Dies geschah um 10 Uhr, um 12 Uhr war schon Smutnys Haus samt allen Geganselten und den roten, kurzen Wienern von Professor Roth ein Opfer der Kriegsfurie.

Mir selbst wurde Anfang November der Taubenboden arg zerstört, so daß ich meinen Bestand an edlen Dunkelgestorchten anderwertig unterbringen mußte. Bloß eine feine Dunkelgestorchte wurde durch eine herabfallende Latte getroffen und war eingegangen, als ich an jenem Schreckenssonntag, wo die Bombe zehn Meter vor dem Haus niederging, Nachschau hielt, wie es meinen Lieblingen geht. An so manchen anderen Stellen wurden die Zuchten total zerstört… Trotzdem läßt keiner locker – und mag er 90 Jahre alt sein.«

Letzter Hochflug

In den fünfziger Jahren erlebte die Taubenzucht in Wien noch einmal einen Aufschwung – doch der endgültige Niedergang schien nicht aufzuhalten zu sein. Ein Grund lag darin, daß es immer schwieriger wurde, Tauben zu halten. Schon kurz nach dem »Anschluß« Österreichs an Hitlers »Deutsches Reich« wurden die Hausherren angehalten, die Dachböden zu räumen, um den Luftschutz zu erleichtern. Offensichtlich rechnete man damals schon mit einer Eskalation des Krieges, die Dachböden sollten leer und gut zugänglich sein, damit etwaige Löscharbeiten nicht behindert würden. Zahlreiche Taubenzüchter verloren so ihre Gelegenheit, privilegiert waren jene Taubenfreunde, die gleichzeitig Hausherren waren und sich so dem Räumungsgebot leichter widersetzen konnten.

Nach dem Wiederaufbau wäre es selbstverständlich möglich gewesen, in den Dachböden Taubenschläge einzurichten, aber nur noch selten zeigte ein Hausbesitzer Herz für die Taubenliebhaberei.

Auch in den Kleingartenvereinen begannen taubenlose Zeiten: Ursprünglich verfolgten Siedlungs- und Kleintierzuchtbewegung gemeinsame Ziele, ab den sechziger Jahren wurde in vielen Schrebergartensiedlungen die Haltung von Kleintieren wie Kaninchen, Hühnern oder eben Tauben untersagt. Darüber hinaus wurden zahlreiche Kleingartenvereine aufgelöst, weil man Grund und Boden als Bauland benötigte.

Doch auch sonst wandelte sich der Zeitgeist. In den vierziger Jahren gab es noch jede Menge Taubenzüchter-Nachwuchs. »Buben von zwölf Jahren an kaufen Tauben und legen Beträge aus, die uns, an die alten sparsamen Groschen-Zeiten gewöhnt, unglaublich erscheinen!« berichtet Josef Farnek 1945. In den fünfziger Jahren entdeckte die Jugend andere Vergnügungen: der zunehmende Wohlstand, das Fernsehen und die Möglichkeit, Urlaubsreisen ins Ausland zu machen, veränderten das Freizeitverhalten von Grund auf.

Die Taubenzucht ist eine Beschäftigung für verinnerlichte, seßhafte Menschen: Taubenzüchter haben viel Bäuerliches an sich, auch wenn der Nutzwert ihrer Tiere fast ausschließlich im Ideellen liegt. Tauben sind nicht einfach Haustiere wie ein Hund oder eine Katze, die leicht in Pflege gegeben und nötigenfalls auch von je-

Ein stolzer »Jauker«: Miroslav Snajdr mit seinem siegreichen »Stich« Tauben Anfang der fünfziger Jahre.

mand anderem betreut werden können. Wer Tauben hält, muß einen geregelten Tagesablauf einhalten, er ist an Ort und Zeit gebunden. Solche Abhängigkeiten will heute kaum jemand akzeptieren.

Die schwindende Zahl der Interessenten dämpfte die Begeisterung für die Taube noch weiter: Mangel an Konkurrenz, an Anregung und Unterstützung durch Gleichgesinnte machte die Taubenzucht zum Minderheitenprogramm. Anfang der sechziger Jahre wurde das Gasthaus Strohmeier abgerissen, um einem Neubau Platz zu machen. Damit schloß auch der letzte große Taubenmarkt Wiens seine Tore für immer.

Das Ende einer Leidenschaft

Die »alten« Taubenfreunde schlossen sich enger zusammen: Mitte der fünfziger Jahre formierte sich das »Komitee der vereinigten Hochflugtaubenvereine Österreichs« neu. Die meisten Clubs hatten sich aufgelöst, man wollte retten und vereinen, was noch zu retten war. Zumindest die Zierformen der »Wiener Tümmler« hatten ja nach wie vor zahlreiche Freunde – wenn auch immer weniger in Wien selbst.

Einer der letzten Getreuen war zum Beispiel der Professor der Musikhochschule Illeanu Giurescu, der seinen Schlag bis ins Jahr 1981 in seinem Wohnhaus in der Wiener Judengasse unterhielt: Erst nach dem Attentat auf die jüdische Synagoge durch radikale Palästinenser veranlaßten Polizei und Baubehörde die Schließung aus Sicherheitsgründen.

So nah ans Herz der Stadt kamen die »Wiener Tümmler« nie wieder: Heute sitzen »Zier-Wiener« in Volieren von Graz bis Stuttgart, von Vorarlberg bis Sachsen. Für die eigentlichen Hochflieger sieht die Lage dagegen nahezu hoffnungslos aus. Zwar existiert da noch der Sonderverein in Braunschweig, und auch sonst gibt es in Deutschland und den Bundesländern noch den einen oder anderen Idealisten. Doch die Zuchtbasis ist mittlerweile messerschneidenschmal, eigentlich grenzt es an ein Wunder, daß bei den wenigen heutigen »Jauktauben« noch immer gesunde und vitale Vögel aus dem Ei schlüpfen. Wie lange noch, ist allerdings fraglich.

Einst, in den Tauben-verliebten Jahren nach der Jahrhundertwende, wurde sogar vom Wiener Rathaus aus »gejaukt«, ein Gemeindebeamter hatte seine Hochflieger im Rathausturm untergebracht. Heute fliegen nur noch ganz wenige Schwärme in den Himmel über Wien, einer über Ottakring, ein paar jenseits der Donau, schon beinahe in der Lobau.

»Der Wiener Tümmler – eine Taube mit Zukunft«, dieser Schriftzug prangt auf einem Transparent, das im Vereinslokal des »Komitees der vereinigten Hochflugtaubenvereine Österreichs« auf bessere Zeiten wartet. Wenn die ausbleiben, hat Wien nicht nur ein paar Stück Federvieh, sondern auch ein Stück Kulturgeschichte verloren.

Ein »jüngerer« Fan der »Wiener Taube«, der Gastwirt Hans Steinacher, begutachtet seine blaugehämmerte Wiener-Täubin, ihr Nachwuchs ruht auf seinem Knie.

Der Taubenzüchter Sacher hat seinen »Wienern« eine großzügige Schlaganlage errichtet.

HIMMELSSTÜRMER – DIE WIENER HOCHFLUGTAUBEN

»In Wien speziell hat man nicht den geringsten Geschmack für Farbentauben. Über die goldene Mitte hinwegschreitend, fallen die Züchter dort von einem Extrem in das andere. Entweder findet man bei ihnen umfangreiche plumpe Hofkriecher oder die nichtswürdigen Vögelchen von Burzeln!« beklagt Adolf Kretschmer in seinem 1906 erschienenen Büchlein »Liebesleben im Taubenhause« die Leidenschaft der Wiener für ihre Hochflug-»Burzel«-Tauben.

Farblich mag der »Wiener Hochflieger« zu dieser Zeit wenig Aufregendes geboten haben; als Gesamterscheinung konnte und kann er sich aber durchaus sehen lassen.

Beschrieben wurden Tauben und Taubensport in einer – wie für Subkulturen allgemein üblich – eigenen Sprache:

Die Wiener Hochflugtaube – auch »Jauktaube« oder »Jauker«, wie der Hochflugsportler genannt, ist weiß. »Hellgestorchte« haben schwarze Flügel und Schwanzspitzen, bei »Dunkelgestorchten« ist auch das Gefieder am Körper dicht mit schwarzen Federn durchsetzt.

»Rotgestrichte« sind weiß mit rötlichen Flügelbinden, »Gekranzelte« haben dunkle Einschüsse an Kopf und Hals, die wie ein Kragen wirken.

Die Jauk-Taube besitzt ein »Perlauge« – das heißt, die Iris ist weiß, allerdings nicht ganz so hell wie beim »Zier-Wiener«, der ja keine Flugleistung bringen muß. Die Krallen der Vögel heißen »Kramperln«, unterm Schnabel verläuft die Kehle in einem »Göderl«.

Sieht der Schnabel – verbotenerweise – etwas nach oben, hat der Vogel einen »Pfiff«.

Die Vögel leben meist am »Taubnbodn«, »Schlag« heißt nur der speziell konstruierte Aus- und Einflug.

»Aufgejaukt« wird nur in der warmen Jahreszeit, wo-

bei die Tiere keinesfalls aus dem Schlag »gejagt« werden, sondern selbständig ausfliegen.

»Stich« wird der geschlossene Schwarm genannt, dreht der in der Luft ab und kehren die Tauben nicht oder verspätet zurück, hat der »Jauker« einen »Marsch«.

Beim »Preisjauken«, das acht Tage zuvor angemeldet werden muß, vergeben zwei eigens zu diesem Ereignis angereiste Preisrichter Punkte je nach Leistung: Der aus mindestens 18 Tieren bestehende Schwarm muß innerhalb von 20 Minuten »Preishöhe« – die »Flimmerhöhe«, bei der das einzelne Tier nur mehr als flimmernder Punkt am Himmel zu erkennen ist – erreichen, sonst gibt es Punkteabzüge. Braucht er länger als 30 Minuten, wird nicht mehr gewertet – es sei denn, die Taubenzahl beträgt über 35 Stück, dann sind 35 Minuten Aufgangszeit erlaubt.

Eine Stunde müssen die Tauben mindestens in Preishöhe verbleiben, jede Minute mehr bringt Punkte.

Bei Wettbewerben ist derjenige Sieger, dessen Tauben am raschesten aufsteigen, am längsten in Preishöhe fliegen und am geschlossensten wiederkehren.

Ein typischer »Hochflugkasten«: im Gartenschlag werden die Tauben auf kleinem Raum gehalten, wird der Ausflug an der Vorderfront der kleinen Voliere geöffnet, steigen sie hoch.

Die Liebhaber und ihre Hochflieger: die Zuchtanlage des berühmten Tauben-Connaisseurs Heinrich Zaoralek in den zwanziger Jahren.

Gansel und Hellstorch, gemalt vom Taubenmaler Witzmann.

TAUBEN VON »KOPF UND SCHNABEL« – DIE WIENER ZIER-TÜMMLER

Grundsätzlich kann zwischen vier Wiener Schönheitsrassen unterschieden werden:

Wiener »Kurze« besitzen sehr kurze Schnäbel, einen würfelförmigen Kopf und breite Augenringe. Es gibt sie in vielen Farben und auch mit »Ganselzeichnung«.

Wiener mittelschnäbelige Ziertümmler besitzen halblange Schnäbel, sind langbeinig, langhalsig und sehr zart gebaut. Am Hinterkopf haben sie eine charakteristische Aufwölbung, das »kantige Genick«. Ihrer Augen sind von einem dunklen bzw. hautfarbenen Ring umgeben, und die meisten Farbschläge sollen eine schneeweiße Iris besitzen. Auch sie werden in zahlreichen Farben gezüchtet, besonders beliebt sind »gestorchte« sowie Tiere mit Kiebitzzeichnung, das heißt Kopf, Hals und Rücken sind farbig, der Bauch weiß.

»Gespritzte« sind Vögel mit bunten Federn am ganzen Körper, seltener sind »Plattige« mit bunter Kopfoberseite und »Gedachelte« mit farbigem Kopf. Nahezu ausgestorben sind »Röserlschecken«, das sind einfarbige Tiere, die nur auf den Flügeldecken einige wenige weiße Federn zeigen.

Wiener Weißschilder besitzen halblange Schnäbel, sind aber im Körperbau den »Kurzen« ähnlich. Sie sind gedrungener gebaut und farbig bis auf die weißen Flügeldecken.

Wiener Kiebitze sind gedrungen gebaute Vögel mit farbiger Oberseite und weißem Bauch. Die Linie zwischen bunter Halspartie und weißer Unterseite sollte möglichst scharf sein. Der originale »Wiener Kiebitz« besitzt einen runden Kopf, sehr große Augen und eine dunkle – wildfarbige – Iris. Er ist ein guter Flieger, wenn er auch nicht so große Höhen erreicht wie der eigentliche Wiener Hochflieger.

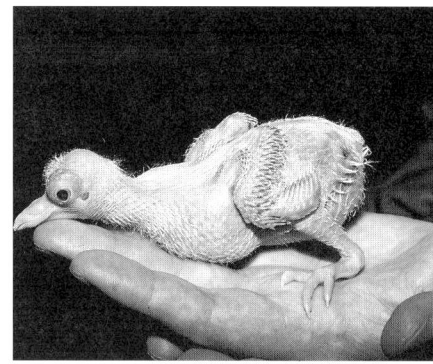

Auch dieser kleine »Saurier« wird einmal eine Ausstellungsschönheit. Weil dieses Ziertümmler-Kücken gelbe Gefiederfarbe bekommen wird, besitzt es als Jungtier kaum Dunen.

Eine »Wiener Kurze«-Täubin beim Brutgeschäft

Wiener Ziertümmler, hellgestorcht

Seltene Weißschilder

»Zur Zucht der Wiener Weißschilder bin ich gekommen, weil wir Preisrichter Anfang der sechziger Jahre festgestellt haben, daß die Wiener Rassen in ihrer Ursprungsstadt aussterben«, erzählt Alexander Berberich, gebürtig aus Wien, aufgewachsen bei Belgrad und heute in der Stadt Salzburg zu Hause. »Dabei waren gerade Weißschild-Tümmler früher häufig. Und weil die Rasse mit korrektem Gefieder so schwer zu züchten ist, gab es viele Tauben, die nicht richtig gezeichnet waren. Mit denen hat man Pelztiere gefüttert, die man damals sogar in den Katakomben unterm Stephansdom gehalten hat. Die Tauben wurden den Mardern lebend vorgeworfen, und die Wiener Kürschner waren deshalb für den besonderen Glanz der von ihnen hergestellten Pelze weltweit bekannt. Heute ist so was zum Glück nicht mehr möglich, aber die Weißschilder sind selten geworden. In Wien gibt es niemanden mehr, der sie züchtet. Aber vor kurzem war ein Züchter aus der DDR bei mir, um sich Tiere zu holen.«

Überlebende: Die Kiebitze des Herrn Greilinger. »Anfang der sechziger Jahre hat mich ein alter Preisrichter gebeten, ich soll mich doch der Kiebitze annehmen, und seither habe ich diese uralte Wiener Rasse gezüchtet«, erzählt Ing. Franz Greilinger. In seinem Schlag in Bockfließ hat er dem »Altwiener Kiebitz«, einem gedrungenen, rundköpfigen Vogel mit großen, dunklen – »wildfarbigen« – Augen das Überleben ermöglicht. Die »modernen« Kiebitze – langhalsige, zarte Wiener Zier-Tümmler, die mit dem Kiebitz nur die Gefiederzeichnung gemeinsam haben – hatten die urtümlichen, klugen und flugfreudigen Originale in der Züchtergunst verdrängt. Erst 1993 wurde der echte »Wiener Kiebitz« wieder von der Standardkommission des Österreichischen Taubenzuchtverbandes anerkannt – man hatte ihn für ausgestorben gehalten. Heute finden die fliegenden Raritäten langsam wieder neue Freunde.

Ein Flugkiebitz schwingt sich in die Lüfte.

Ein junger Kiebitz wird beringt: diesen »Personalausweis« behält er fürs ganze Leben.

Ein Kiebitz putzt sich vorm Eingang zu seiner »Wohnung« im Taubenkobel.

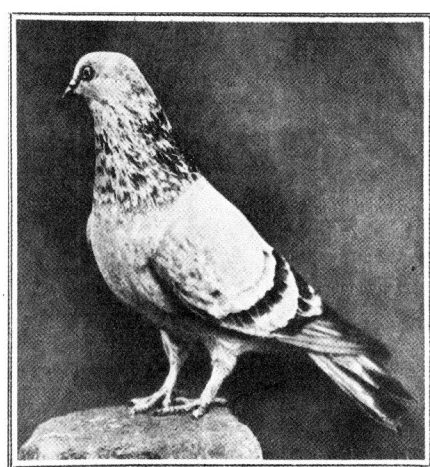

Der ideale Himmelstürmer: ein Wiener »Dunkelstorch«, fotografiert um 1920

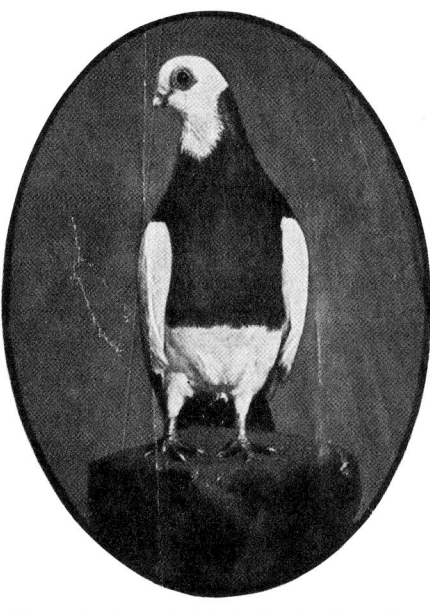

Die gefiederte Schönheit als Vignette: Das Idealbild einer Wiener »Gansel«-Täubin

Beilage zur Geflügel-Welt

Amtliches Organ des „BUND DEUTSCHER GEFLÜGEL-ZÜCHTER E. V. SITZ HALLE A. S."
Verbunden mit „TAUBEN-ZÜCHTER" und „ZWERGHUHN-ZÜCHTER"

Nr. 3 HANNOVER, 17. JANUAR 1929 19. Jahrg.

WIENER TÜMMLER, SCHWARZ

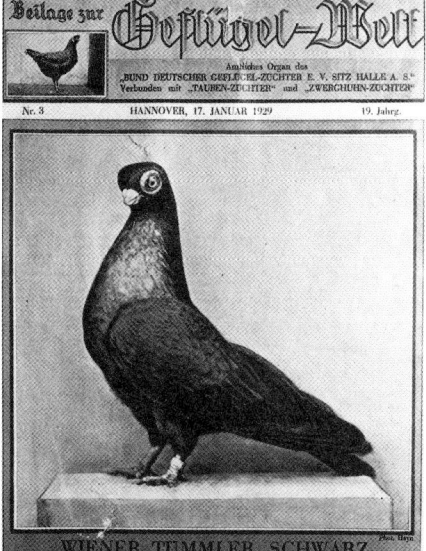

Auch im Ausland war die Schönheit der Wiener Tauben geschätzt: hier ein Kurzschnäbler als Titelbild einer deutschen Fachzeitschrift.

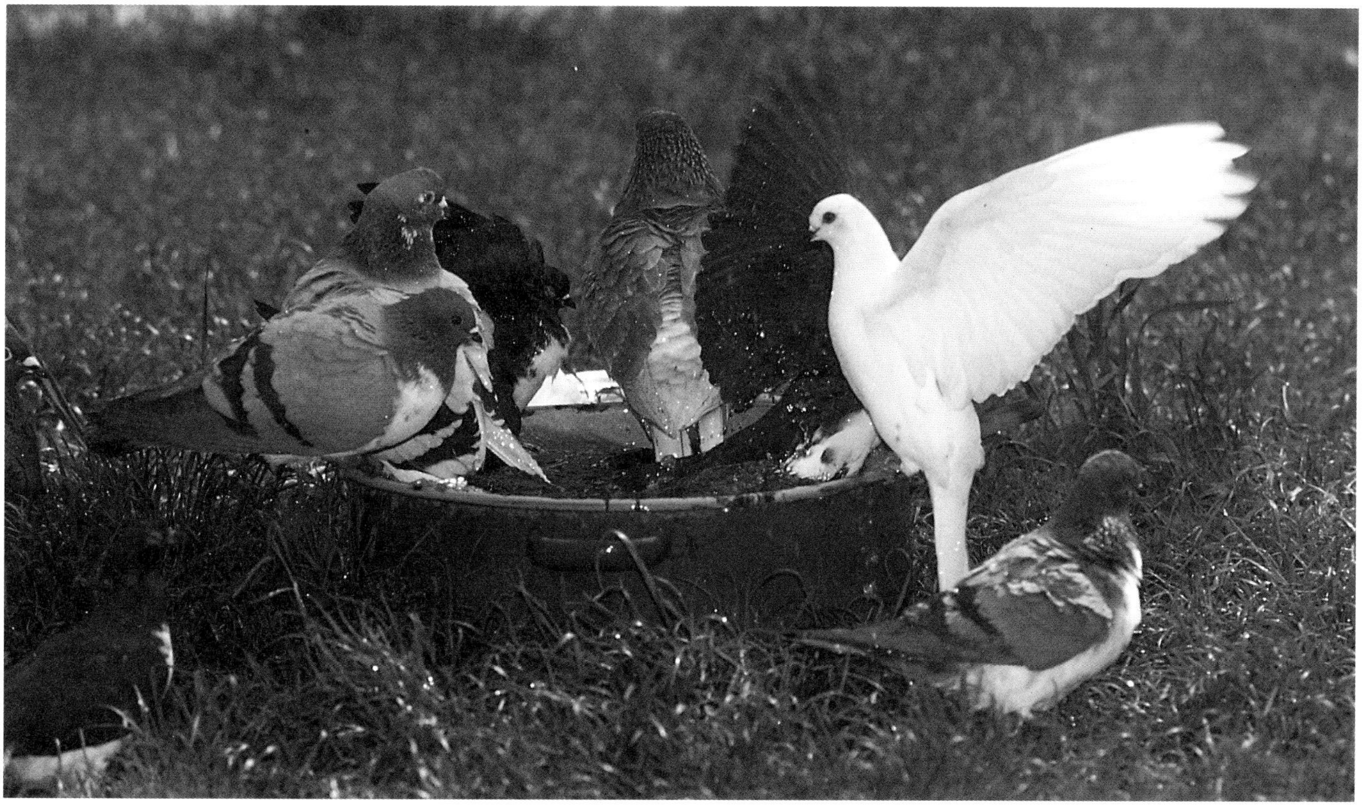

Badevergnügen: Flugkiebitze und ein weißer Hochflieger

FESTE UND GESELLIGKEIT – DIE TAUBE UND DAS WIENERLIED

Untrennbar mit der Taubenzucht verbunden ist das Vereinsleben. Neben den regelmäßigen Vereinstreffen – die in den dreißiger Jahren noch wöchentlich stattfanden – boten Ehrungen altgedienter oder besonders erfolgreicher Taubenzüchter immer wieder Gelegenheit zu geselligen Zusammenkünften, bei denen auch Züchter-Gattinnen, Söhne und Töchter gern gesehen waren.

Selbstverständlich wurde bei solchen Festivitäten auch gesungen und getanzt, der Heurigensänger Carl Humpel verfaßte zu gutbekannten Wienerliedern eigene Taubenzüchtertexte. Bei verschiedenen Anlässen trug er seine »Taubenlieder«, die 1932 als Broschüre erschienen, selbst vor. Hier zwei Beispiele:

Wia i no g'jauckt hob.
Melodie: »Fiakerlied«

I jauck an Schüppel Gstorchte, s'kanns jeder seg'n am Bodn,
A so wia dö tan spinna, werns weni gsegn no habn.
Kan Wachla so was gibts net, den rühr i gar net an,
Sunst kräulns ma in die Wolken nei und san glei ganz davon.
In 10 Minuten habns oft dö Preishöchen erreicht,
Do gehts nur immer ruck und ruck, es bleibt ka anzige zruck ja zruck
Und wanns a so tuan spinna, da gspür i's in mir drinn,
Daß i dö rechte Bratzn hob, daß i a Jaucker bin.
A Taubennarr kann a jeder wern, aber Jaucker find ma nur in Wean.
Mei Stolz san dö Gstorchten, dös könnens ma glaubn,
Ja i leb und i stirb für a fliagerte Taubn,
Mei Flug der is tulli, mei Glegenheit is ferm,
Ja i bin halt a Jaucker von Wean.

Als Bua schon war i winni, wia wohl no mancher waß,
A ganzer Bodn voll Viecha war gwiß mei größter Gspaß.
Mei Vota war dagegen, i hätt Haustaubn halten solln,
Doch mi, mi hat nur s'Jaucken gfreut, i hob net züchtn wolln.
Und heut no als a Alter geht mir mei Herz glei auf,
Wann i so zum Himmel schau und siech dö Punkterl drinn im Blau
Do kummen mir dö Tränen, vor lauter Lust und Freud,
Es kummt ma in Erinnerung verschwundene Jugendzeit.
Und sollt ich einst gestorben sein, legts mir a Taubn in d'Truchn nei.
Denn i war a Jaucker, so wia mas verlangt,
I hab niemals an dreingjauckt oder gar ane gfangt.
Mei Stolz warn nur Meine, mei Reichtum, mei Glück,
O Zeit, du kehrst nie mehr zurück!

Mei Vater is a Jaucker gwest
Parodie: »Mei Muatterl war a Weanerin«

Wann i z'ruckdenk an mei Jugend und an meine Kinderjahr,
Wia i mit'n Vatern alle Sonntag auf'n Taubnmarkt unten war.
Do hots Taubn gebn in Massn, um a Spottgeld warns zum kriagn,
Alle Farbn, dö schönsten Rassen, die längst nimmer existiern.
Doch mei ganze Seligkeit warn dö Flugtaubn jederzeit
Und von frühster Jugend an war nur's Jaucken mei Passion.
I war in mein Element, hab ichs gsegn am Firmament,
Und i schwörs bei Seel und Leib, daß ich stets a Jaucker bleib.
Mei Vater is a Jaucker gwest und i, i grot eahm nach,
Für mi kanns im Leben nix Schöneres gebn,
Wia mei Bodn, meine Taubn und mei Schlag!

Und dö Jahre san verflogn, heut bin i a alter Herr,
Mühsam kreul i auf'n Bodn, denn i kriag kan Atem mehr.
Selbst dö Augn tuan mi verlassn, i fühl mi oft bettelarm,
Wann i unt steh auf da Gassn und i siech net meinen Schwarm.
Trotzdem gib i do net nach, aufi kreul i alle Tag.
Es vergeht ka Tag im Jahr, wo i net am Taubnbodn war.
Ja i glaub i müaßt vergehn, könnt i net dö Viecha segn,
So schwärm i für mein Flug bis zum letztem Atemzug.

TAUBENBLAUE PRESSE

Schon vor der Jahrhundertwende wurde in deutschen Fachblättern ausführlich über die Wiener Taubenrassen berichtet, in den zwanziger Jahren erschien erstmals ein heimisches Fachblatt »Der Österreichische Taubenzüchter«, von 1934 bis 1937 gab es erneut eine Zeitung dieses Titels. Heute wird im »Österreichischen Kleintierzüchter« über Rassetauben berichtet, der Verband Österreichischer Brieftaubenzüchter informiert seine Mitglieder über eigene Informationsblätter.

Taubenparadies Schrebergarten:
Der Maler Franz Wolf hielt dieses Idyll im 22. Wiener Gemeindebezirk 1932 in Öl fest.

Kriegshelden und Spaßvögel – Brieftauben

»Die Tauben haben mir das Leben gerettet, damals Ende 1944 in Köln. Ich war Brieftaubenmeister bei der Wehrmacht, nach fünf Verwundungen haben sie mich nach Berlin-Spandau auf die Schule geschickt, die Heeres-Brieftauben haben zur Abteilung für Spionage gehört. Ich mußte dann nach Belgien, Tauben requirieren. In Köln sollte ich umsteigen, als ich am Bahnsteig auf den Zug gewartet habe, ist mir plötzlich aufgefallen, daß die Tauben im Korb alle – es waren 32 Stück – nach oben in den Himmel schauen. Das tun Tauben sonst nur, wenn sie einen Raubvogel sehen. Ich schau' auch hinauf – und seh' die Bomben, wie sie gerade fallen. Ich nehm' den Korb mit den Tauben, schmeiß' ihn in die Grube hinunter, wo sie die Schlacke von den Dampfloks hineingeschüttet haben, und spring' selbst nach. Dann ist es auch schon losgegangen. Als der Angriff vorbei war – ein Bild des Grauens. Überall Tote, Verwundete, Frauen und Kinder. Da hab' ich mir geschworen, daß ich nie von den Tauben lassen werd'.« Heute ist Alfred Baldia achtzig, und im Dachboden seines Hauses gurren noch immer die Tauben.

Alfred Baldia als Brieftaubenmeister in der Mistelbacher Bolfras-Kaserne.

Als die Russischen Truppen im Frühjahr 1945 immer weiter nach Österreich vordrangen, kam der Befehl zum Rückzug und zur Vernichtung des wertvollen Taubenbestandes, der dem Feind nicht in die Hände fallen sollte: »Wir mußten alle umbringen, über 1000 Tauben. Mir hat das Herz geblutet, es waren lauter belgische Spitzentauben.« Zwanzig Tiere hat er trotz anderslautendem Befehl für sich »requiriert« und auf der Flucht bei einem Bauern zurückgelassen – mit einem Sack Futter: »Ich hole sie, hab ich dem gesagt, aber wie ich aus der Gefangenschaft gekommen bin, haben nur mehr drei gelebt. Der Bauer hat eben nichts von Tauben verstanden.« 1972 ist Alfred trotzdem Österreichischer Meister geworden, und ein paar Nachkommen der legendären Belgischen Armee-Brieftauben hat er bis heute erhalten.

Beim Österreichischen Bundesheer sind Brieftauben bereits seit Mitte der achtziger Jahre a. D., und im Heeresgeschichtlichen Museum hat man ihnen nicht einmal einen kleinen Schaukasten bewilligt. Dabei waren in Wien noch im Zweiten Weltkrieg Tausende Tauben stationiert, insgesamt flogen für den Führer und sein »tausendjähriges« Reich Hunderttausende gefiederte Boten – und sie dienten nicht nur zu Lande.

Tauben im U-Boot und im Ballon

Brieftauben gehörten auch zur Standardausrüstung der U-Boote. Wurde das Unterseeboot von feindlichen Schiffen eingekreist, war jeder Funkkontakt ein tödliches Risiko: Die Funksignale verrieten die Koordinaten des U-Boots, dadurch war es ein leichtes Ziel für Torpedos und Wasserbomben. In solchen Ernstfällen wurden Brieftauben in einer Kartusche nach oben an die Wasseroberfläche »geschossen«, dort öffnete sich der Transportbehälter, die Taube flog an Land, meldete den Standort des eingeschlossenen Bootes, Hilfe aus der Luft oder zu Wasser konnte entsandt werden.

Einen »abhörsicheren, selbstreproduzierenden Kleinflugkörper auf biologischer Basis mit festprogrammierter automatischer Rückkehr aus beliebigen Richtungen und Distanzen« nennt die Schweizer Armee per definitionem die Brieftauben, und die Schweizer sind es auch, die in Mitteleuropa militärisch nach wie vor große Stücke auf die Taube setzen.

Noch im Zweiten Weltkrieg spielten Tauben an allen Fronten eine bedeutende Rolle: Gegen Kriegsende flogen 850 000 Tauben für Hitlers Deutsches Reich, als die Alliierten in der Normandie an Land gingen, hatten sie über 40 000 im Gepäck, die Engländer hatten gar 200 000 Tauben im Sold, die täglich bis zu 2 000 Einsätze flogen. Allein 1941 warfen die Briten 17 000 Tauben an Fallschirmen hinter den deutschen Linien ab, Mitglieder der Widerstandsbewegungen schickten die gefiederten Spione mit verschlüsselten Nachrichten wieder über den Kanal nach England zurück.

Ähnliches wurde bereits im Ersten Weltkrieg praktiziert: Franzosen und Engländer schleusten ihre Spionagetauben mittels Ballons über die feindlichen Linien, wie ein Branddirektor Rößler im 1936 erschienenen Buch »Die edle deutsche Reisebrieftaube« berichtet: »Die Gasballons hatten einen Durchmesser bis zu 8 Metern und hielten ein Kreuz aus Bambusstäbchen, welches mit einer Weckuhr in Verbindung stand. An den äußeren Enden war je ein Taubenkörbchen mittels einer Schnur befestigt. Die Weckuhr wurde nun auf eine bestimmte Zeit eingestellt, in der man annahm, daß der Ballon bis in ein gewünschtes Gebiet treiben würde. ... Der Wecker setzte sich als dann in Bewegung und wickelte die Schnuren auf, so daß die Körbchen sich lösen konnten und an kleinen Fallschirmen, ca. 1,40 Meter groß, zur Erde fielen.«

Schon im Deutsch-Französischen Krieg waren Tauben mit Ballons von ihren heimatlichen Schlägen wegtransportiert worden, um die feindlichen Linien hoch über den Wolken zu queren. Tauben aus Paris flogen im Ballon mit einem fachkundigen Betreuer in Städte im unbesetzten Teil Frankreichs, dort wurden sie mit Briefpost bestückt – man befestigte Schriftröllchen an den Beinen oder klebte Zettelchen an die Schwanzfedern – und freigelassen.

Und der Krieg von 1870/71 war auch die Geburtsstunde des Mikrofilms: der Fotograf Dragon entwickelte ein Mikroskopier-Verfahren, das es ermöglichte, auf 4,3 mal 3,2 Zentimeter großen Filmstreifen bis zu 2 500 Mitteilungen zu je 20 Wörtern unterzubringen. Die Filme – 12 bis 18 Stück pro Vogel – wurden zusammengerollt, in den Kiel einer Gänsefeder gesteckt und an den Schwanzfedern der Taube befestigt. Innerhalb

Unfreiwillige Kriegshelden vor dem Einsatz

Im Ersten Weltkrieg wurden Tauben auch vom Flugzeug aus aufgelassen, um Botschaften ins heimatliche Quartier zu bringen.

Tauben-Rucksack für die Infanterie

Militär-Tauben wurden auch darauf trainiert, fahrbare Schläge anzufliegen.

von vier Monaten beförderten die französischen Posttauben rund 115 000 amtliche und etwa eine Million privater Nachrichten, und nicht zuletzt für 190 000 Francs Geldanweisungen ins belagerte Paris.

Gurrende Front-Fotografen

Bald darauf transportierten Tauben nicht mehr nur Filme – sie fotografierten gleich selbst. Bereits 1907 hatte der deutsche Apotheker Julius Neubronner eine nur 75 Gramm schwere Kamera erfunden, 1914 erlebte die »Luftaufklärung per Taube« in der deutschen Armee ihre ersten militärischen Einsätze und war noch im Zweiten Weltkrieg bei allen Kriegsparteien gang und gäbe. Heute liefern Spionagesatelliten haarscharfe Bilder aus allen Krisenregionen der Welt, doch auch die Luftbilder der Tauben konnten sich sehen lassen. Pro Aufklärungsflug wurden mehrere Tiere eingesetzt, rund 30 Aufnahmen konnte der automatische Fotoapparat, der ihnen vor die Brust geschnallt wurde, machen. Tauben verrieten auf diese Weise die Lage von Truppen, Kommandoständen, Munitionslagern und anderen strategisch wichtigen Zielen.

Doch nicht nur beschwert mit Fotokameras flogen Militärtauben ihren Dienst: Die Tiere wurden für Nachtflüge trainiert und lernten sogar, zu fahrbaren Schlägen zurückzufinden. Beides Dinge, die der Taubennatur widersprechen: Nach Einbruch der Dunkelheit rührt die Taube freiwillig keinen Flügel, und ihr Heimfindevermögen kommt ja gerade daher, daß sie sich einen bestimmten geographischen Ort auf ewige Zeiten einprägt und unbeirrbar stets dorthin zurückkehrt.

Vom Heldenmut der Tauben

Auch wenn heute die Leistungen der Militärtauben weitgehend vergessen sind, wurden ihnen doch unmittelbar nach den Kriegen sogar Denkmäler gesetzt, so etwa in Berlin, Lille und Brüssel. Tauben retteten Tausenden Soldaten das Leben und töteten ebensoviele.
»Wir halten uns noch immer, erleiden aber einen sehr gefährlichen Angriff mit Gas und Rauchschwaden. Es ist höchste Eile geboten, um uns zu ersetzen. Blinkverbindung über Souville, das auf unsere Anrufe nicht antwortet, ist sofort herzustellen. Das ist meine letzte Taube«, schrieb der französische Major Raynal in einer Tauben-Depesche am 4. Juni 1916, er und seine Mannschaft konnten gerettet werden.
»Um Gottes willen, stoppt das Feuer!« lautete kurz und verzweifelt die Botschaft, die die Taube »Cher Ami« am 27. Oktober 1918 überbrachte. 194 Mann der US-Armee waren zwischen der Artillerie der Deutschen und dem Feuer ihrer eigenen Verbände eingeschlossen. Ohne Nachschub und ohne Möglichkeit zur Nachrichtenübermittlung hatten die Amerikaner nur die Wahl, sich von den Deutschen oder von den Geschossen der eigenen Truppen töten zu lassen. Sechs Botentauben waren die letzte Hoffnung: Fünf Vögel wurden abgeschossen, auch der sechste stürzte im Gewehrfeuer zu Boden. Doch »Cher Ami« raffte sich wieder auf, flog im Kugelhagel durch die Linien und überbrachte trotz durchschossener Brust, durchlöchertem linken Flügel und abgetrenntem linken Bein den Hilferuf der Eingeschlossenen. Der Täuber überlebte die schweren Verwundungen, wenn auch nur einige Monate. 1919 segnete er das Zeitliche und kam ausgestopft ins Museum. 1935 verewigte die Schriftstellerin Marion B. Cothren seine Heldentat gar in einem Roman.

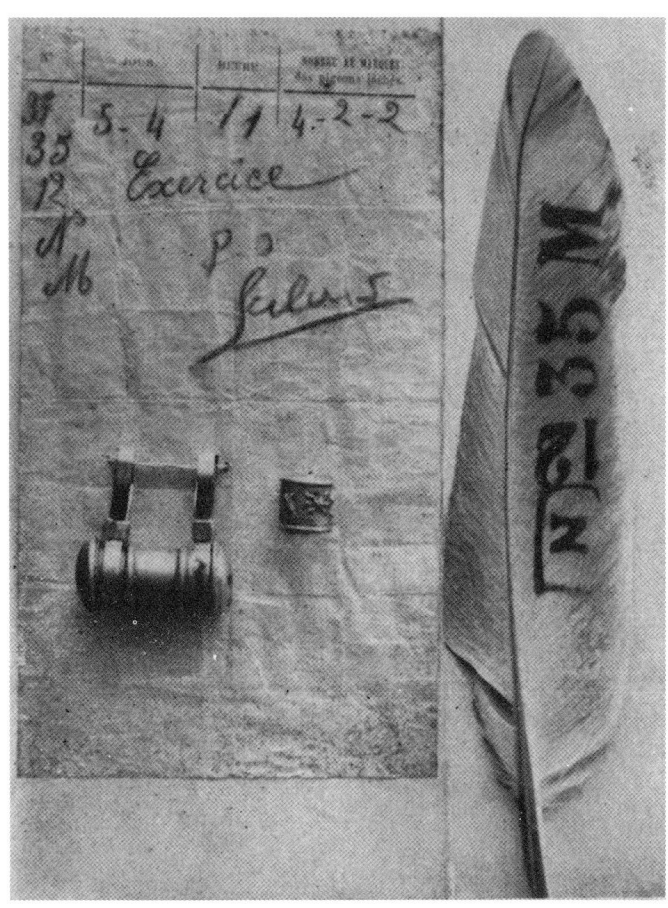

Eine französische Kriegs-Depesche

Militär-Hund mit Transportbehälter für Brieftauben

Tauben in Korb und »Schlafsack«

Stoff für eine weitere Taubenlegende lieferte »The Mocker«, ein rotweißgescheckter Täuber der amerikanischen Armee. Am 12. September 1918 sollte der Vogel mittels Fotoapparat die Lage einer deutschen Artilleriestellung erkunden. »The Mocker« tat seine Pflicht und kehrte mit unversehrter Kamera heim, obwohl ihm eine Maschinengewehrkugel ein Auge weggerissen hatte. Für seine Heldentat wurde der Täuber mit französischen und amerikanischen Orden ausgezeichnet und nach seinem Tod 1937 mit militärischen Ehren bestattet.

Auch andere gefiederte Soldaten wurden hochdekoriert – die höheren Weihen waren ihnen allerdings mit Sicherheit gleichgültig. Was die Taube treibt, ist nicht Heldenmut, sondern schlichtes Heimweh.

Auch Kriegsflüge führen nach Hause

Egal, an welcher Front die fliegenden Soldaten im Einsatz waren, sie flatterten immer heim. Unkundige denken häufig, daß Brieftauben auf Befehl an bestimmte Orte fliegen, aber so klug sind die gurrenden Boten nun doch wieder nicht. Die Taube kehrt stets an jenen Ort zurück, von wo sie als Jungtier die ersten Male ausgeflogen ist. Alle Haustauben haben diese Fähigkeit von ihrer Stammutter, der Felsentaube, ererbt, bei Brieftauben wurde das Heimfindevermögen in jahrtausendelanger Zuchtwahl verstärkt.

Auch Militärtauben fliegen nur in den heimatlichen Schlag, die Armeekommandos unterhielten Zuchtstationen, Jungtauben wurden an Stützpunkten eingewöhnt, geeignete Tiere – solche mit »flexiblem« Ortsgedächtnis – trainierte man, wie bereits erwähnt, aufs Auffinden fahrbarer Schläge.

Und die Militärs kooperierten auch stets mit privaten Züchtern, diese lieferten nicht nur Jungtauben, die dann an gewünschten Punkten »eingeflogen« wurden, sondern stellten auch die eigenen Schläge als »Anlaufstationen« für die gefiederten Boten zur Verfügung. Die Schweiz setzt noch heute auf das System der zivil-militärischen Zusammenarbeit in Sachen »Botentaube«.

Zahlreiche Schweizer Brieftaubenzüchter erhalten monatliches Futtergeld für eine bestimmte Anzahl Tauben, damit diese im Bedarfsfall – etwa bei Manövern – fürs Heer die Flügel schwingen.

Witwer fliegen schneller

Ob in militärischen oder in zivilen Diensten – um Tauben zu möglichst schneller und zielsicherer Heimkehr anzuspornen, greift der Mensch schon seit alters her auch zu unfairen Mitteln.

Eine Methode, den Flug der Taube zu beschleunigen, besteht darin, sie vom Nest wegzureißen. Gleich ob Täuber oder Täubin, wenn daheim das Gelege bebrütet werden will, legen beide beim Flug noch einen Zahn zu. Noch stärker wird der Drang nach Hause, wenn der Schlupf der Jungen unmittelbar bevorsteht. Findige Taubenzüchter legen ihrem Federvieh mitunter hohle Eier unter, in die sie eine Fliege oder einen Mehlwurm einschließen. Das unermüdliche Gewusel im Ei soll die Elterntiere glauben machen, daß der Nachwuchs schon ans Licht drängt. Entsprechend groß ist die Eile beim Heimflug.

Ebenfalls schon seit der Antike werden Tauben zu »Wit-

Fahrbarer Brieftaubenschlag

Gegen Giftgas wurden die Tauben mit speziellen Gas-Säcken geschützt.

wern« gemacht, um ihre Fluggeschwindigkeit zu steigern. Hierbei fließt zwar kein Gattenblut, vielmehr wird die Zuneigung vom Täuber zur Täubin schamlos ausgenutzt. Man hält das Taubenehepaar getrennt, bevor der Täuber jedoch zum Auflaßort gebracht wird, läßt man ihn kurz, aber heftig mit seiner Angetrauten turteln. Ist die Leidenschaft auf dem Höhepunkt, reißt man das verliebte Paar wieder auseinander. Die neu angefachte und frustrierte Liebesglut läßt den »Witwer« um so schneller nach Hause eilen. Ganz abgebrühte Taubenhalter gesellen dem Paar noch einen zweiten Täuber zu, um die Eifersucht des »Witwers« anzustacheln und ihn zu noch schnellerer Heimkehr zu veranlassen.

Rothschilds Vermögen und die Tauben

Im Militäreinsatz waren solche ausgeklügelten Tricks meist nicht nötig – beim Flug über die Fronten zählte weniger die Schnelligkeit als die Zuverlässigkeit: Aufklärungsflugzeuge gaben bequeme Ziele ab, eine einzelne Taube konnte viel schwerer abgeschossen werden. Doch Tauben flogen seit jeher auch zivile Einsätze – zum Beispiel fürs liebe Geld. Kaufleute bedienten sich schon im Altertum der Taubenpost, im Orient blieb diese Tradition bis in die Neuzeit erhalten. Den wahrscheinlich größten Coup mit Hilfe von Brieftauben landete das Haus Rothschild. Gegründet in Frankfurt am Main von Meyer Amschel Rothschild, unterhielt das Bankhaus zu Beginn des 18. Jahrhunderts Filialen in London, Paris, Wien und Neapel.

Vorausblickend hatten die Bankiers in Napoleons Armee Gewährsleute mit Brieftauben eingeschleust. Als der Korse am 18. Juni 1815 von den Engländern bei Waterloo vernichtend geschlagen wurde, erfuhr die Londoner Filiale des Bankhauses noch am selben Tag davon. Da die ganze Welt mit dem Sieg Napoleons und dem Untergang des britischen Königreiches rechnete, standen die englischen Staatspapiere denkbar schlecht. Rothschilds kauften sämtliche verfügbaren Staatsanleihen auf, drei Tage später erfuhr die ganze Welt von Napoleons Niederlage und Englands Sieg, die britischen Papiere stiegen ins Astronomische, und Rothschilds hatten den Grundstein zu ihrem bis heute legendären Vermögen gelegt.

Die Taubenreporter des Zeitungsredakteurs Reuter

Auch die weltweit bekannte Nachrichtenagentur Reuter verdankt ihren Aufschwung gefiederten Boten. Paul Julius Reuter mietete in Aachen beim Bierbrauer und Brieftaubenzüchter Heinrich Geller vierzig Stück Tauben. 33 Taler pro Monat waren ihm die Botenflüge der Vögel von Brüssel wert, und sie brachten ihm ein Vielfaches ein: Denn die mit Depeschen bestückten Brieftauben legten die 125 Kilometer lange Strecke von Brüssel nach Aachen in Luftlinie und wenigen Stunden zurück, in allen anderen Redaktionen trudelten die Nachrichten erst einen Tag später ein. Reuters Nachrichtenagentur war bald international ein Begriff und hält ihre Vorrangstellung bis heute.

Blutproben, Drogen und Flugzeugdaten

Mit der Erfindung von Telegrafie und drahtlosem Funk verloren Tauben als fliegende Nachrichtenboten an Bedeutung. Dennoch waren ihre Dienste immer wieder gefragt – und sei's von der Mafia. Während der Prohibition flogen Tauben mit chiffrierten Nachrichten für die »ehrenwerte Gesellschaft«, sie meldeten geplante Polizeieinsätze und informierten über Übergabestellen des begehrten Stoffs.

Gegebenenfalls transportieren sie die »heiße Ladung« aber auch gleich selbst. Immer wieder wurden und werden Brieftauben auch zum Rauschgiftschmuggel mißbraucht. Kleine Mengen der Drogen können bequem in Kapseln untergebracht und an der Brust oder an den Füßen der fliegenden Drogen-Kuriere befestigt werden.

In Holland wurden Brieftauben in jüngerer Vergangenheit sogar von der Medizin in Dienst genommen: Weil selbst Fahrradboten im Verkehrsstau kaum mehr vorankamen, wurden Blutproben zur Analyse mittels Tauben ins Labor verfrachtet.

Und in den USA setzte sogar der Flugzeug-Konzern Lockheed auf lebendige Flieger: Noch Anfang der achtziger Jahre schickte das Unternehmen Mikrofilme per Taube von Santa Cruz in die Firmenzentrale nach Sunnyvale. Ein menschlicher Bote hätte die kurvenreiche 84 Kilometer weite Strecke schnellstens in eineinhalb Stunden bewältigen können, die Tauben legten die 34 Kilometer Luftlinie bei gemächlichstem Tempo in einer halben Stunde zurück.

Inzwischen setzt man selbstverständlich auf Übertragung per Satelliten oder mittels Telefonleitung von Computer zu Computer. Aber Energiekrisen oder Stromausfälle aus anderen Gründen könnten Tauben als fliegende Boten jederzeit wieder attraktiv machen.

Die Taube – das »Rennpferd des kleinen Mannes«

Heute fliegen Tauben meist nur noch zum Vergnügen ihrer Besitzer. Der Brieftaubensport hat vor allem in Belgien, Holland, Großbritannien und Deutschland nach wie vor zahlreiche Anhänger. Wettflüge mit Brieftauben gab's schon in der Antike, seit der zweiten Hälfte des vorigen Jahrhunderts sorgt die Brieftaube als »Rennpferd des kleinen Mannes« in weiten Kreisen für Spannung und Unterhaltung.

Erst wurden die Tauben per Kutsche an den Auflaßort gebracht, später per Bahn. Heute sind die Wettflieger per »Kabinenexpress« unterwegs: Eigens umgebaute Lastwagen chauffieren Tausende Tauben durch halb Europa, bei Nationalflügen werden mitunter 10000 Tauben und mehr hochgelassen. Große Verantwortung kommt bei großen und kleinen Wettbewerben dem Flug-Begleiter zu. Er muß entscheiden, ob das Wetter am Zielort geeignet ist für einen Start. Bei Unwettern, starkem Nebel oder Sturm wird der Auflaßzeitpunkt aufgeschoben, dauern die Unbillen der Witterung an, fahren die Tauben-Champions gegebenenfalls mit dem Auto heim.

Ist das Wetter trocken, nicht allzu windig und die Sicht gut, rasen die fliegenden Sportler mit 100 Stundenkilometern und mehr heimwärts, errechnet wird ihre Geschwindigkeit in Metern pro Minute aus der Distanz zwischen dem Auflaß-Ort und der geographisch genau vermessenen Lage des Heimatschlages.

Daheim wartet der Züchter auf seine Flieger, erreicht eine Taube den Schlag, wird ihr der Gummiring, mit dem sie vor dem Wettflug gekennzeichnet wurde, in eine plombierte »Taubenuhr« geworfen. Die Maschine registriert genau die Einwurfzeit, im Vereinslokal werden die Uhren dann geöffnet. Nach dem Vergleich der Geschwindigkeiten nach Meter pro Minute steht der Sieger fest. Doch nicht nur die erste Taube gewinnt: Ein Viertel der Flugteilnehmer kommt in die »Preisliste«.

Um den Sieg gekämpft wird in regionalen, nationalen und internationalen Wettbewerben – und seit 1993 gibt's sogar ein Welt-Championat: dafür wurden Jungtauben von Züchtern aus zahlreichen Ländern in einem Schlag auf Gran Canaria eingewöhnt, beim Wettflug übers Meer wurde dann erstmals eine Weltmeister-Taube ermittelt.

Nur der Täuber ist ein Vogel

Beim ersten Weltchampionat hat eine Täubin mit der Nummer NH-0968-92 gesiegt, und daß weibliche Tauben Tausende männliche Konkurrenten hinter sich lassen, ist keine Seltenheit. Denn in Sachen Kondition gibt's bei Tauben keinen »kleinen Unterschied«. Täuber mögen mächtiger sein als Täubinnen, aber in der Luft sind die leichteren Weibchen oft beweglicher und windschlüpfriger. Trotzdem ist für den Brieftauben-

Olympiade 1928

*Brieftauben beim »Einsetzen«:
In speziell umgerüsteten Lastwagen
»reisen« die Tauben zum Auflaßort.*

*Die Brieftauben »reisen«, ihre Züchter
bleiben daheim und warten.*

Beim »Einsetzen« erhält die Brieftaube einen zusätzlichen Gummiring, der später in die Taubenuhr geworfen wird, um die genaue Ankunftszeit des Tieres festzustellen.

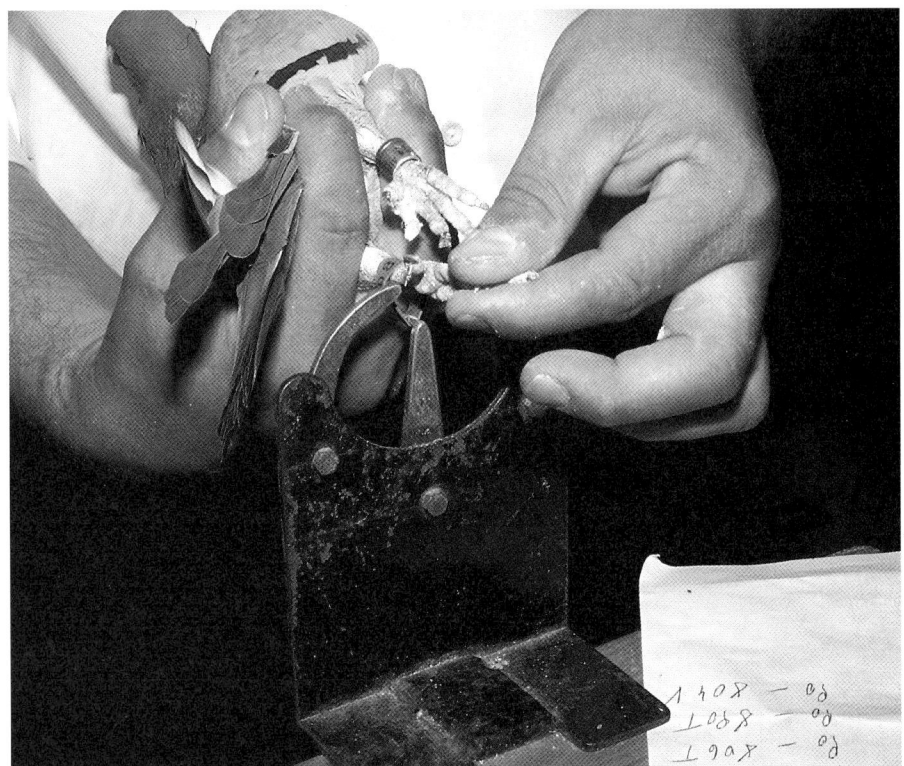

Wettflieger warten auf den Abtransport. »Rennpferde des kleinen Mannes« hat man die Brieftauben genannt – und Farbbezeichnungen wie »Schecke« und »Schimmel« erhärten diese Interpretation.
Doch wie im Pferdesport kann auch im Brieftaubensport der Ehrgeiz traurige Blüten treiben. Manch ein Züchter soll schon eine Taube vom Dach geschossen haben, weil sich das Tier nach seiner Rückkehr vom Flug nicht sogleich fangen ließ. Bei Wettflügen zählen oft Sekunden, und um die Rückkehr des Tieres mit der Taubenuhr »konstatieren« zu können, benötigt der Züchter den Gummiring, mit dem seine Taube für den Flug gekennzeichnet wurde. Um dieses Rings habhaft zu werden, nehmen krankhaft ehrgeizige Züchter gegebenenfalls den Tod der Taube in Kauf.

Zukünftige Champions auf einem »Haufen«

Nach dem Schlupf: das Brieftauben-Kücken ist erschöpft.

Frischgeschlüpft und im Größenvergleich: ein Brieftäubchen und ein Diamanttäubchen

Eine Handvoll Brieftaube.

Für den Züchter sind seine Tauben nur Nummern, höchstens Star-Tauben werden mit dem Privileg eines eigenen Namens ausgestattet. Was aber auch an der großen Zahl der Tiere liegt – vierzig sind das Minimum im Schlag. Am fünften oder sechsten Lebenstag wird der Nestling beringt: noch sind die Zehen und das Beinchen so zart, daß sich der Ring ohne Probleme überstreifen läßt. Allerdings empfiehlt sich am nächsten Tag eine Kontrolle, denn immer wieder kommt es vor, daß die Elterntiere den Ring vom Bein des Jungen streifen und aus dem Nest tragen. Der Ring ist der lebenslange »Personalausweis« einer Taube: die Ringe werden von den Vereinen für ihre Mitglieder bei den Zuchtverbänden bestellt, dort liegt genau auf, wer welchen Ring wann bezogen hat. Die Herkunft jeder einzelnen Taube kann so genau festgestellt werden. Bei Brieftauben informiert der Ring über Geburtsjahr, Geburtsland, außerdem verrät er über eine spezielle Nummer den Verein und mittels laufender Nummer den Züchter des Tiers. Fliegt ein Tier in einem fremden Schlag zu, muß es dem jeweiligen Verband bzw. Verein gemeldet werden. Der Besitzer kann die verflogene Taube entweder abholen oder sie dem »ehrlichen Finder« überlassen, indem er ihm den »Besitzschein« übersendet.

Alfred Baldia mit seinem »Matzl«: 1935 hat der rote Täuber beim Flug Marburg–Wien als bester von 4000 Jungtauben seinem damals erst 22jährigen Besitzer höchste Ehren eingebracht. 1944 wurde der ausgestopfte Champion bei einem Bombenangriff vom Luftdruck aus dem Fenster geschleudert. »Aber meine Schwester hat ihn gesehen und sich gedacht: ›Das ist ja dem Ali seine Taubn, die muß ich ihm aufheben!‹ So ist er gerettet worden, aber ganz so schön wie früher ist er seither natürlich nimmer«, erzählt der Herr Baldia. Seine ersten »guten« Brieftauben hat er schon als Kind in den zwanziger Jahren bekommen: »Die deutschen Züchter haben damals ihre Tauben in Wien aufgelassen, wir Buben haben geholfen, die Körbe aufzumachen. Hie und da hat eine Täubin gelegt gehabt, die Eier haben wir den Straßentauben auf den Dachböden zum Ausbrüten untergelegt. Wir haben geschaut, wo die aus- und einfliegen, dann haben wir den Hausmeister angeschwindelt: »Gehn S' Herr Hausbesorger – Hausmeister haben wir nicht sagen dürfen, da war er beleidigt – uns ist eine Taube bei Ihnen in den Dachboden geflogen, geben S' uns den Schlüssel, daß wir nachschauen können.« Nach ein paar Wochen haben wir wieder so eine Geschichte erzählt und die aufgezogenen Jungtauben vom Boden geholt.«

züchter nur der Täuber ein »Vogel«, die Täubin wird schlicht »Weibchen« genannt.

Auch wird Täubinnen mehr »Feuer« nachgesagt, wer beobachtet hat, mit welcher Inbrunst – und wieviel Erfolg – weibliche Tauben ihr Nest und ihre Jungen auch gegen übermächtige Eindringlinge verteidigen, wird das gerne glauben.

Doping für Tauben?

Alle Brieftaubenzüchter hüten Geheimnisse, die ihre Tauben zu Höchstleistungen stimulieren sollen. Der eine schwört auf Knoblauch, der andere auf Honig, der dritte auf eine spezielle Kräuterteemischung. Auch die Fütterung der Leistungstauben ist eine Wissenschaft: Gerste im Winter, möglichst große Vielfalt im Sommer und außerdem Erdnüsse zur Belohnung – oder doch lieber Mais?

Und in den letzten Jahren hat – wie in anderen Ställen auch – die Chemie in den Brieftaubenschlag Einzug gehalten. Natürlich sind Brieftauben durch die große Masse von Tieren, die beim Transport zum Auflaßort im Kabinenexpress auf engstem Raum zusammentreffen, extrem infektionsgefährdet. Dennoch bedauern die »alten Hasen« unter den Züchtern die »chemische Revolution«. »Früher waren die Tauben widerstandsfähiger«, klagt der alte Herr Gigel. »Heute sind schon die Jungen

Auf geht's zum Übungsflug.

viel feuriger, aber das hält nicht an.« Dennoch könnte auf die Tauben und ihre Züchter in Zukunft einiges zukommen: Der menschliche Geist mag nicht ruhen, und dort, wo es um Leistungssport geht, wandelt er schließlich auch bei Menschen auf immer krummeren Wegen. Für viele der gurrenden Flieger hat sich der Spaß ja schon lange aufgehört: In kommerziellen Zuchtstationen, wo Tausende Vögel um des Profits willen turteln und brüten, ist der Kontakt zwischen Züchter und Taube schon lange abgerissen. Großzüchter lassen ihren Taubenbestand von angestellten Schlagpflegern betreuen, sie kennen ihre Tiere nur noch aus den Wettflug-Preislisten. Es mag sein, daß die medikamentös aufgebaute Taube aus der »halbautomatischen« Beton-Zuchtanlage schneller fliegt als ihre Schwester aus dem kleinen, hölzernen Schlag des Liebhabers unterm Dach. Aber der Zauber, den die Brieftaube und ihren phänomenalen Drang nach Hause umgibt, ist in »Taubenfabriken« nicht zu spüren.

Fliegen für die Seele

Wenn der Ehrgeiz überhand nimmt, bleibt der Spaß an der Freude auf der Strecke. Und daß gerade der »Taubensport« als seelischer Ausgleich besonders geeignet ist, liegt auf der Hand. Nicht von ungefähr liegen die Hochburgen der Brieftaubenzucht auch heute noch in Bergbauregionen, in den britischen Kohlerevieren, im Ruhrgebiet – sogar im oberösterreichischen Wolfsegg gibt's einen Brieftaubenverein namens »Bergmannstreue«. Je schwerer den Menschen die Last der Erde drückt, um so höher will er hinaus.

Zwar ist gerade der Brieftaubenzüchter ganz besonders an den Ort gebunden: Seine Tauben sind auf den Schlag trainiert, eine Übersiedlung würde ein mühsames und bei vielen Tieren vielleicht auch erfolgloses Umgewöhnen oder den Aufbau einer neuen Zucht nötig machen. Auch bei Ferienreisen ist ihm Zurückhaltung auferlegt. Den Sommer über ist »Reisezeit« für die Tauben, nahezu jedes Wochenende finden Wettflüge statt. Im Frühjahr wiederum ist Zuchtzeit, da benötigen die Tiere besonders viel Betreuung. Trotzdem mag kaum ein Züchter von seinem Federvieh lassen. Wenn sich die Tauben in die Lüfte erheben, fliegen – so scheint's – auch die Mühen des Alltags davon.

VOM FRIEDENSVOGEL ZUM FLIEGENDEN KRIEGER

Tauben hatten auch ihren Anteil an der Größe des römischen Weltreichs. So erfuhr etwa Julius Cäsar durch Botentauben von den Unruhen in Gallien. Plinius wiederum berichtet, daß bei der Belagerung der Stadt Mutina, des heutigen Modena, im Jahre 43 vor unserer Zeitrechnung Botentauben eine bedeutende Rolle spielten. Die Heere des Antonius hatten die Stadt eingekesselt, Decimus Brutus, einer der führenden Köpfe der Verschwörung gegen Julius Cäsar, hielt mittels Taubenpost Verbindung zu den ihm freundschaftlich gesinnten Konsuln. Bis in die Spätzeit des Römischen Reiches wurden Tauben als fliegende Boten eingesetzt, in den Wirren der Völkerwanderung ging das Wissen ums Heimkehrvermögen der Tauben in Europa verloren.

Wiederentdeckt wurde die Taube als Bote während der Kreuzzüge. Im Orient waren die fliegenden Briefträger in ungebrochener Tradition seit den frühesten Tagen der Zivilisation eingesetzt worden, die Sultane bedienten sich der gurrenden Boten auch im Kampf gegen die Eroberer aus dem Abendland. Dort machte sich die Taube als Kriegsberichterstatter erstmals von 1572 bis 1574 im Unabhängigkeitskrieg der Niederlande gegen Spanien einen Namen: Bei der Belagerung von Harlem und Leyden hielten die eingeschlossenen Stadtbewohner eisern durch, bis Entsatz kam, weil sie über Botentauben von ihrer baldigen Befreiung erfuhren.

Nahezu 300 Jahre später, im Jahr 1849, schöpften die Venezianer Kraft aus Taubenbotschaften: Die Depeschen verhießen ihnen baldige Befreiung vom österreichischen Joch.

WUNDERBARE WIEDERKEHR – WARUM BRIEFTAUBEN NACH HAUSE FINDEN

Nicht immer hat die Brieftaube schuld, wenn sie auf der Strecke bleibt. Schließlich ist es sogar der Wissenschaft nach wie vor ein Rätsel, wie sie überhaupt heimfindet. Wahrscheinlich ist, daß Tauben sich nicht auf ein Patentrezept stützen, wenn sie über 1000 Kilometer und mehr nach Hause fliegen, sondern daß ihnen mehrere Faktoren helfen, sich zurechtzufinden.

Sicher ist, daß bei der Jungtaube eine grundsätzliche Orientierung am Magnetfeld der Erde stattfindet: Bei den ersten Ausflügen wird die Taube gewissermaßen auf ein bestimmtes Muster der Erd-Magnetfeldlinien geprägt. Eine spätere Umorientierung ist prinzipiell möglich – immer wieder gelingt es, auch »eingeflogene« Tauben an einen neuen Wohnort zu gewöhnen –, aber immer wieder erinnern sich Tauben noch nach Jahren an ihre alte Heimat und fliegen dorthin zurück.

Brieftauben werden Schritt für Schritt an längere Distanzen gewöhnt, das Training beginnt, wenn die Taube etwa drei Monate alt ist. Sie wird erst einige hundert Meter von ihrem Heimatschlag entfernt aufgelassen, bei jedem Ausflug wird die Distanz gesteigert. Talentierte Jungtauben finden mit etwa sechs Monaten schon über Hunderte Kilometer heim.

Beim Heimfliegen orientiert sich die Taube erst an der einprogrammierten Magnetfeldeinstellung und wahrscheinlich auch am Sonnenstand. Kommt sie in bereits bekanntes Gelände, helfen ihr optische Auffälligkeiten in der Landschaft weiter, aber auch der Geruchssinn und möglicherweise auch das Gehör spielen eine Rolle. Immer wieder gehen aber auch ausgezeichnete, volltrainierte Brieftauben auf dem Heimflug verloren: Erdbeben und Gewitter, die das Magnetfeld der Erde stören, können sie ebenso vom rechten Weg abbringen wie schwere Stürme. Hin und wieder erinnern sich so des-

Weibchen fliegen genausoschnell wie Männchen.

orientierte Tauben auch noch nach langer Zeit an ihren Heimatschlag, sie können gegebenenfalls aber auch »umlernen« und ihren neuen Wohnort als Zuhause akzeptieren.

WIE HOCH UND SCHNELL FLIEGEN TAUBEN?

Aus Flugzeugen wurden Brieftauben bereits in 5000 Meter Höhe freigesetzt, trotz der extremen Luftdruck- und Temperaturverhältnisse kehrten sie in ihre Heimatschläge zurück. In der Regel liegt ihre Flughöhe bei Weitstrecken um die 300 bis 500 Meter über dem Erdboden. Am liebsten fliegen Tauben übers freie Land, Gebirge und größere Wasserflächen meiden sie wenn möglich: Für Flüge über die offene See brauchen Tauben ein spezielles Training, manche lernen's nie. Soll eine Taube etwa eine Meeresbucht überqueren, zieht sie dem Flug übers Wasser den längeren Weg entlang der Küste vor. Bei günstiger Wetterlage erreichen Tauben Spitzengeschwindigkeiten bis zu 120 Stundenkilometer, normalerweise fliegen sie um die 60 km/h.

BELGISCHE TAUBEN SIND DIE BESTEN

Die belgischen Brieftauben gelten als die besten der Welt – aber der Ruf der belgischen Taube wurde schon in der ersten Hälfte des vorigen Jahrhunderts begründet. Auch die Vorfahren der belgischen Tauben kamen aus dem Orient, Ende des 18. Jahrhunderts existierten drei Grundtypen belgischer Tauben. Aus der Genter, der Antwerpener und der kurzschnäbeligen Lütticher Taube entstand die »moderne belgische Brieftaube«.

Das Geheimnis des Zuchterfolges der Belgier lag in der harten Auslese. Schon junge Tauben wurden zu Langstreckenflügen eingesetzt, bis zu 50 Prozent von ihnen blieben mitunter auf der Strecke. Bereits 1856 fand ein Wettflug von Rom nach Lüttich statt, allein im Jahr 1871 konkurrierten 123600 Tauben bei 885 Wettflügen.

Im Laufe der Jahre entwickelten Züchter spezielle Tauben-»Sorten«: Für den Laien sehen die Tauben dieser Spezialzuchten aus wie andere auch, doch Experten können eine »Jansen«-Taube auf einen Blick von einem Tier aus dem Hause »Meulemans« unterscheiden.

Heute geht die Zahl der belgischen Brieftauben in die Millionen, Zucht und Wettflüge sind nach wie vor ein Massensport – und mitunter ein Bombengeschäft. Zuchtstationen mit Tausenden Tieren versorgen Züchter in aller Welt mit »belgischen Tauben«. Wohlhabende Züchter – in den letzten Jahren vor allem Japaner – lassen sich Sieger für die Zucht Beträge kosten, wie sie auch für einen Kleinwagen ausgelegt werden.

DRAGON, HOMER UND »DEUTSCHE SCHAU« – DIE »SCHÖNHEITEN« UNTER DEN BRIEFTAUBEN

Zwei Seelen wohnen stets in des Taubenzüchters Brust – einerseits verlangt er seinem gurrenden Federvieh Flug-Höchstleistungen ab, andererseits sollen die braven Flieger aber auch ästhetischen Idealen genügen. Beide Forderungen lassen sich kaum je unter einen Hut bringen – und so entstanden aus den ursprünglichen Botentaubenrassen Zierformen, die ihr Flugtalent eingebüßt haben und ihre Besitzer dafür mit extravagantem Äußeren erfreuen. Aus den persischen Botentauben entstand der englische »Carrier« – sein Name bedeutet »Träger«, weil er Botschaften von einem Ort zum anderen trug. Heute ist der Carrier eine langhalsige, langbeinige Taube mit riesigen Nasenwarzen und Augenringen, die von manchem Züchter sogar beschnitten werden, damit sie weiter wuchern. Der Carrier sieht kaum die Körner, die er aufpickt, er ist zwar flugfreudig, besitzt aber kaum noch Orientierung.

Aus dem warzentragenden Carrier und dem ganz kurzschnäbeligen orientalischen Mövchen, das ebenfalls als Botentaube eingesetzt wurde, erzüchtete man den »Dragon« – auch diese Taube war einst ein tüchtiger Briefträger, heute ist er ein Volièrenvogel für Exzentriker.

Aus belgischen und deutschen Botentauben entstand in Großbritannien der »Homer«, ein Heimflieger mit mächtigem Kopf und scharfem Adlerblick. Der daraus gezüchtete »Show Homer« ist ein reines Ausstellungstier und viel zu schwer für gute Flugleistungen.

Zu Beginn dieses Jahrhunderts wurde auch die »Deutsche Schautaube« erzüchtet. Ursprünglich hieß sie »Deutsche Schönheitsbrieftaube«. Sie ist zarter geformt als der »Homer« und wird gern als Ammentaube für andere Rassen eingesetzt.

Vereinsleben: ungarische Brieftauben-freunde auf Visite in Österreich, Obmann Ehrhard Pichler überreicht einen Ehrenpreis.

Verbandspräsident Lutz Primes und Zuchtfreunde zu Besuch bei einem ungarischen Großzüchter

Die Siegertaube des internationalen Fluges Österreich/Ungarn 1991

Gärtnermeister Karl Fürmsinn mit einer seiner »Fabry«-Tauben: »1963 war ich in Belgien bei Georges Fabry in Lüttich. Sein Sohn war ja schon damals eher ein Geschäftsmann, aber er hat einem viel erklärt. Und wenn so ein Mann redet, mußt du still sein, habe ich mir gedacht, der versteht etwas von Tauben. Aus dem Fabry-Stamm sind ja weltberühmte Tauben hervorgegangen.« Er selbst hat schon als Bub Brieftauben gehalten, und seit er seit den frühen fünfziger Jahren Mitglied eines Brieftaubenzüchtervereins wurde, hat er keine Wettflugsaison versäumt: »Ich habe manchmal nicht alle Flüge mitgemacht, aber dabei war ich immer! Die Tauben sind und waren eben mein Ausgleich zur Arbeit in der Gärtnerei!«

Brieftauben-Typen zu Beginn des Jahrhunderts, gezeichnet von Jean Bungartz.

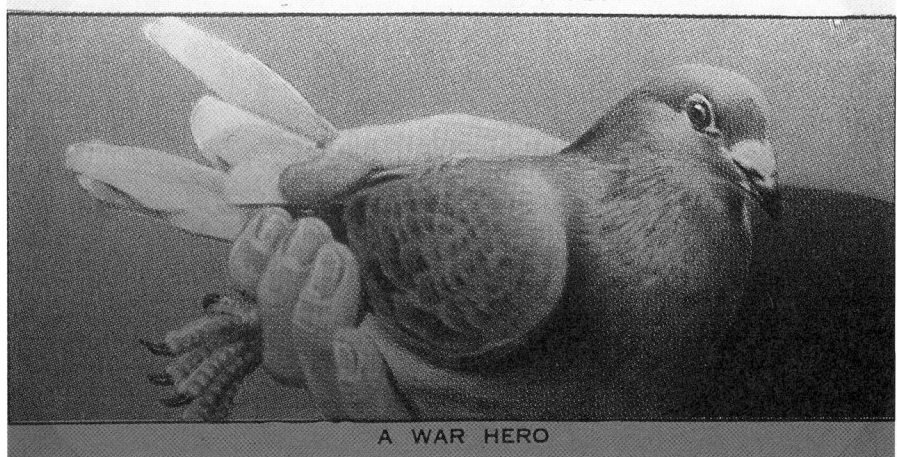

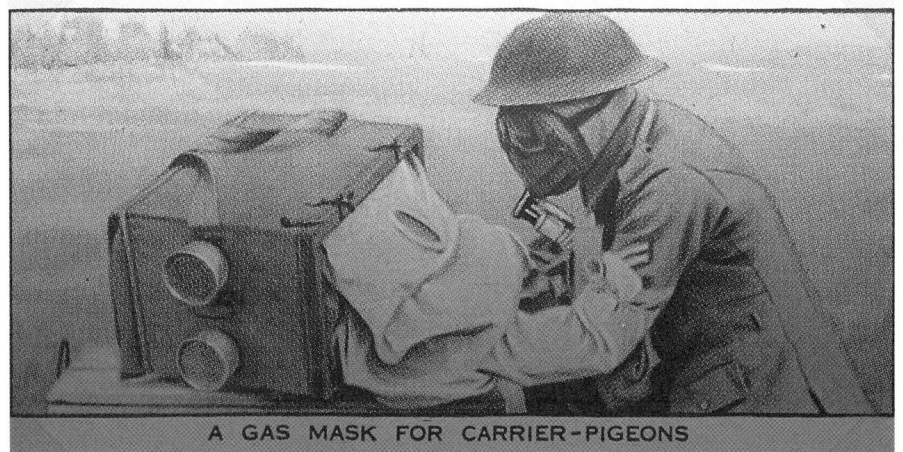

Wie populär Brieftauben waren, zeigt auch diese Serie von Zigarettensammelbildchen aus den zwanziger Jahren. Hier sind Tauben im Armeeeinsatz während des Ersten Weltkriegs zu sehen:
links oben ein »Kriegsheld«, darunter eine Taube, die vom Flugzeug aus zum Meldeflug startet, links unten ein »gassicherer« Taubenkorb, oben eine Taube, die vom U-Boot aus freigesetzt wird.

»Ein Loch kost' fünf Schilling...« – Taubenmärkte

Freiwillige Spenden sind selbstverständlich immer willkommen, aber für Sparsame kostet der Eintritt zu »Fredi's Ranch« nur fünf Schilling. Fünf Schilling kostet auch ein »Loch« – so heißt im Kleintierzüchter-Deutsch ein Ausstellungskäfig. Den braucht aber nur, wer etwas zu verkaufen hat. »Obere Reihe Tauben, mittlere Reihe Hühner, untere Reihe Gänse und Enten«, verkündet eine Tafel gleich beim Eingang, von Kaninchen ist keine Rede, aber auch die sind reichlich vertreten.
Die Kanarien- und Wellensittichzüchter brauchen ebenfalls kein »Loch«, die bringen ihre Käfige selbst mit und schlichten sie auf die Regale im Gasthausgarten. Auch wenn's manchmal aussieht wie auf der Arche Noah – hin und wieder gelangen neben diversem Federvieh auch Mäuse in allen Farbschattierungen, Hamster, Kätzchen, junge Hunde, Frettchen und sogar Zwergziegen zum Verkauf –, mag keiner von Kleintiermarkt sprechen. Jeden Sonntag vormittag ist »Taubenmarkt« im Wirtshaus »Goldener Hirsch« in der Wiener Cumberlandstraße. Bei Schönwetter im Freien, wenn's regnet und schneit in der Veranda – und das seit gut 70 Jahren.

Schon Mitte der zwanziger Jahre gab's in der Cumberlandstraße einen Taubenmarkt, auch wenn das Wirtshaus damals noch »August Ebert's Saal-Lokalitäten« hieß. Heute ist der Markt im »Goldenen Hirsch« der letzte in Wien, doch vor wenigen Jahrzehnten war dieser Taubenmarkt nur einer von vielen.

Federvieh im Herzen der Städte

Noch um die Jahrhundertwende hatte jedes Städtchen einen Umschlagplatz fürs gurrende Federvieh, in größeren Städten gab's sogar mehrere. Heute erinnern meist nur noch Straßennamen ans taubenblaue Marktgeschehen. Eine Taubenstraße gibt's in Hamburg und München, »Am Taubenmarkt« heißt eine vornehme Geschäftsstraße in Linz. Von Tauben ist an all diesen Innenstadt-Plätzen nicht viel zu sehen, nur in der Cité von Paris existiert heute noch ein Vogelmarkt bei der

Taubenmarkt in Wien um 1890

Beim »Strohmeier« um 1900: dieser größte Taubenmarkt Wiens existierte bis in die frühen sechziger Jahre und war nicht nur Treffpunkt der Rassetaubenliebhaber, sondern auch Einsatzstelle für die Wettflüge der Brieftaubenzüchter. Im Vordergrund die beiden Brüder Strohmeier, die Wiener Tümmler züchteten.

Warten auf Kundschaft und Unterhaltung. Der Futterhändler ist Stammgast im »Goldenen Hirsch«.

Alfred Loidolt begutachtet eine Taube. Er selbst wurde mit seinen Verkehrtflügelkröpfern – ihren seltsamen Namen verdanken sie ihrer Gefiederfarbe – bereits Europameister und züchtet auch noch wunderschöne Pommernkröpfer. Beim sonntäglichen Taubenmarkt in der Wiener Cumberlandstraße macht er den Kassier und sorgt auch sonst für Recht und Ordnung. »Mein schönstes Erlebnis in der Taubenzucht war, als meine Kröpfer das erste Mal geflogen sind. Damals hatte ich nur ganz wenige, und die hatten alle noch richtige Namen. Eines Tages habe ich gedacht, die müßten doch auch fliegen. Ich bin mit ihnen aufs Dach und habe sie aufgelassen. Ich habe gedacht, die fliegen ohnehin nur ein kleines Stück, aber sie sind immer höher gestiegen. Ich habe Angst bekommen, daß sie sich verfliegen. Solche hochgezüchteten Tiere können in der Freiheit ja nicht überleben. Dann habe ich sie gerufen mit ihren Namen, Susi und so. Und sie sind wiedergekommen. Als sie bei mir gelandet sind – das war ein wunderbarer Moment.«

Johann Kainz ist Obmann des »Vereins der Kropftaubenzüchter Wiens«, ihm verdankt Wien seinen letzten Taubenmarkt: »Die Anrainer haben ohnehin etwas dagegen. Und auch sonst ist's heute schwer mit den Tauben. Es gibt ja keinen Nachwuchs mehr, unsere Hoffnung sind die Jugoslawen, die befassen sich noch mit der Kleintierzucht.« Er selbst züchtet seit seiner Jugend Englische Großkröpfer, die Könige der Kropftauben, und hat damit schon viele Auszeichnungen errungen. Seine Jungtiere läßt er von Deutschen Schautauben erbrüten und aufziehen, damit sich die edlen Kröpfer nicht die Figur ruinieren. Und damit den Tauben nicht langweilig wird, hausen auch noch Kanarienvögel in seinem Schlag.

Herr Herberth kommt beinahe jeden Sonntag auf den Taubenmarkt, seit über sechzig Jahren züchtet er Brieftauben. Hier begutachtet er ein besonders schönes Exemplar.

*Adam Böhm ist Stammgast beim Taubenmarkt, doch seine Siegerkröpfer bietet er dort nicht an: seine Zucht ist bekannt, die Interessenten kommen zu ihm nach Hause.
120 Jungtiere erzüchtet er pro Jahr, und auch der Gattin gefällt's.*

Ein zugekaufter Vogel wird verstaut.

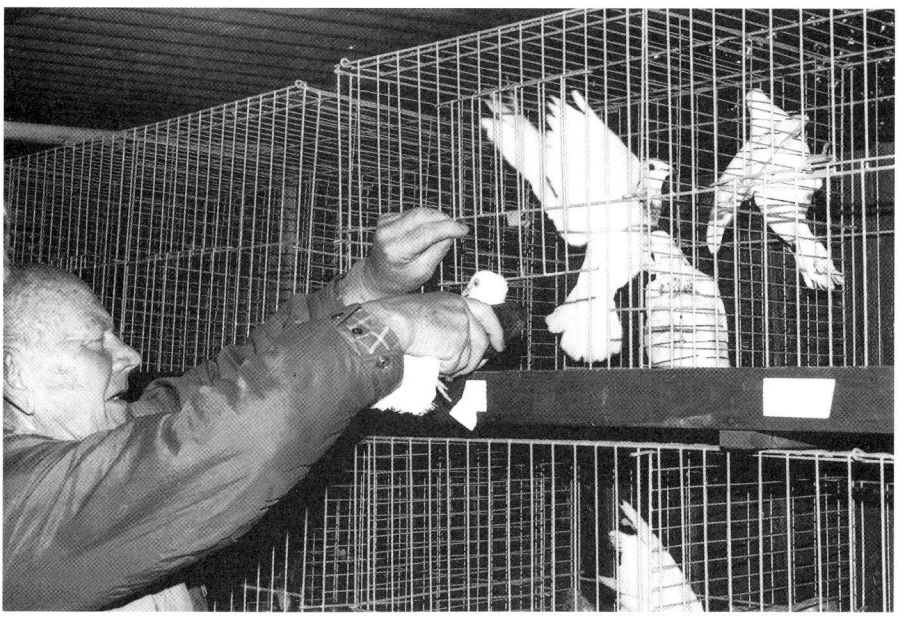

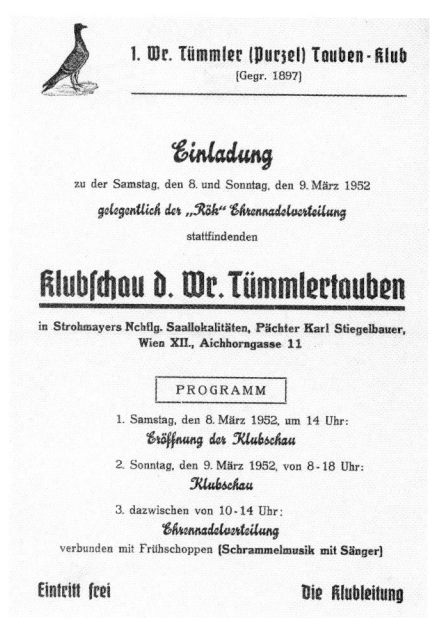

Kathedrale von Notre-Dame. Auch in Wien wechselte das gurrende Geflügel früher seine Besitzer nicht an der Peripherie, sondern im Herzen der Stadt. »Auf den in Wien seit urdenklichen Zeiten abgehaltenen Märkten konnten unsere Vorfahren in der Tierliebhaberei auch ihren Bedarf an lebenden Tieren decken. Mit der stetig steigenden Zunahme der Stadt und der Liebhaberei wuchs aber auch das Bedürfnis nach einem eigenen Markt. Der erste Vogel-Taubenmarkt verlegte sich in der Inneren Stadt am unteren Ende der Habsburgergasse gegen den Michaelerplatz zu. Dort hatten bis in die fünfziger Jahre [des 19. Jahrhunderts] noch zahlreiche Tierhändler ihre ambulanten Verkaufsstände entlang der Klostermauer aufgestellt«, berichtet Franz Panek. Schon seit Anfang des 17. Jahrhunderts hieß jene Stelle der Innenstadt »Am Vogelmarkt«, auch in grundbücherlichen Eintragungen taucht diese Bezeichnung auf.

In jenen alten Tagen existierte tatsächlich ein reger Markt für Vögel; es waren schließlich stille Zeiten, ohne Musik aus der Konserve, ohne Radio, LP und CD. Musik gab's nur, wenn jemand Instrument oder Stimme ertönen ließ, und die Alternative zum Leierkastenmann waren Waldvögel – Nachtigallen, Finken und Zeisige wurden in nahezu jedem Haushalt in kleinen Vogelbauern gehalten. Die gefangenen Sänger flöteten ihre Sehnsucht nach der verlorenen Freiheit lautstark hinaus.

Doch nicht nur wildgefangene Singvögel, auch Tauben wurden häufig gehalten – nicht etwa wegen ihres Gesanges – obwohl dem Kenner auch ihr Gurren wohl in den Ohren tönt. Wie bereits erwähnt war der Taubenbraten eine begehrte Delikatesse, und hübsch gefärbte und gestaltete Tauben erfreuten Herz und Sinn.

Profession »Taubenhändler«

Um 1840 existierte in der Wiener Innenstadt neben dem Markt beim Michaelerplatz ein zweiter Treffpunkt der Taubenfreunde am Salzgrieß. Etwa 40 »fliegende« Händler boten ihre lebende Ware feil, außerdem gab es 16 offene Läden. Noch zu Beginn des 18. Jahrhunderts verkauften Mehl- und Gemischtwarenhändler häufig auch Kleintiere. Erst Mitte des 19. Jahrhunderts spezialisierten sich Kaufleute auf den Tierhandel. Von den Vogelhändlern am Salzgrieß berichtet Franz Panek: »Es gab dort bedeutende Händler, die eigene Wärter hielten und Reisende aussandten, die in den großen Städten Europas Tiere aufkauften. So manche dieser Händler erwarben Reichtum, es entstanden sogar handelsgerichtlich protokollierte Firmen wie Haller, Friedmann, Hofbauer u. a. Der letztgenannte war in Tauben der größte Spezialist. Er zeigte zuerst die in Wien ganz unbekannten Almonds (eine britische Taubenrasse), wie er auch die Brünner resp. Prager Kröpfer in ganzen Zuchten vorführte. Dieser Mann hielt auch edle Kurzschnäbel am Lager, er ließ sich 80–100 Gulden und mehr dafür bezahlen.«

Ein weiteres Original war der 1888 verstorbene Taubenhändler Michael Hofrichter. Der gelernte Weber war Jahrgang 1817, Heinrich Zaoralek nannte ihn den »ältesten Taubenhändler Wiens«: »Hofrichter war meines Wissens der erste, der einen offenen Handel mit Tieren betrieb. ... Und so wie ich mich von seiner strengen Redlichkeit oftmals überzeugte, so werden auch viel andere hierzu hinreichend Gelegenheit gehabt haben.«

Mit der Redlichkeit war es im Taubenhandel mitunter nicht weit her, Mitte des vorigen Jahrhunderts war's durchaus Usus, buntgefärbte Tauben anzubieten. Den Fachmann konnte man so natürlich nicht täuschen, aber manch unbedarfter Bürger zahlte ein beträchtliches Sümmchen für eine gewöhnliche weiße Taube, deren prächtiges Grün, Rosa oder Gelb beim ersten Regenguß in den Rinnstein floß.

Schließlich erging ein behördliches Verbot, weiterhin gefärbte Tauben zu verkaufen. Behördlich verboten wurden auch die Menschenansammlungen vor Hofrichters Laden, von wo aus er bis zu 300 Tauben täglich verkaufte und auch per Post versandte und Handelsbeziehungen mit vielen europäischen Städten, ja sogar mit Rußland, der Türkei und den USA unterhielt. Die Massen der Taubenfreunde vor seinem am Lerchenfeldergürtel gelegenen »Laufinsfeldhaus« hatten zeitweise den Verkehr lahmgelegt.

Hundefuhrwerk und »Taubensackel«

Nahe Hofrichters Geschäft fand jeden Sonn- und Feiertag auch der »Lerchenfelder Taubenmarkt« statt. Der Taubenliebhaber Adolf Schumann schilderte das Treiben dort so: »Wer in den sechziger und siebziger Jahren [des vorigen Jahrhunderts] an einem schönen Sonntagnachmittag die Wiener Gürtelstraße entlangging und etwas auf seine Umgebung achtete, dem mußte wohl auffallen, daß eine Menge Leute, alte Männer sowie junge Burschen und selbst ganz kleine Buben, schwer bepackt mit Vogelhäusern und Taubensteigen und sogenannten ›Taubensackeln‹ (Stoffbeutel, in denen Tauben transportiert wurden), auch beladene Fuhrwerke mit Pferd- oder Hundegespann, einem gewissen Ziele zustrebten, dabei eifrig debattierend und gestikulierend. Folgte der Beobachter dem seltsamen Zuge, so entdeckte er bald … einen dichten Menschenschwarm, aus dem ihm verworrenes Getöse, gleich der Brandung des Meeres, untermischt mit lauten, hellklingenden Rufen, entgegenschallte. Die dichte Menge war in fortwährender Bewegung, gleich einem Bienenschwarm oder Ameisenhaufen. Kamen die Leute mit ihren Käfigen und Steigen und dergleichen in die Nähe des Volkshaufens, so lösten sich einige Männer aus demselben und gingen den Ankömmlingen schnell entgegen, sich sofort in eifrige Unterhandlungen mit diesen einlassend. Diese Männer waren nicht etwa Agitatoren und die brausende Volksversammlung eine Wahldemonstration oder so etwas Ähnliches, nein, so etwas liebte man damals in Wien noch nicht, es waren harmlose Vogelhändler und -liebhaber, und die Massenversammlung war eine Spezialität Wiens der damaligen Zeit, der Vogelmarkt. Die Händler gingen unseren Führern deswegen entgegen, um ihnen, bevor sie mit ihren Schätzen den eigentlichen Markt betraten, diese, insofern sie sich als kaufswert erwiesen, zu einem möglichst geringen Preis abzuluchsen. Diese Männer glichen den Zollwächtern, jeder Korb, jedes Kistchen oder Käfig wurde von ihnen untersucht; enthielten sie Unbrauchbares, konnten sie passieren, im anderen Fall wurde der Verkäufer abseits gezogen und der Handel abgeschlossen. Verkaufsstände gab es da nicht; den Hintergrund des Marktes bildete die Holzplanke eines Gasthausgartens (›Zum Fassl‹), in die eine große Menge Nägel eingeschlagen waren. Wer von den Verkäufern nur zeitig genug kam, konnte sein ›Häusel‹ oder ›Taubensteige‹ an die Wand hängen, wer jedoch an der Wand keinen Platz mehr fand und über ein größeres Warenlager verfügte, der stellte dieses einfach auf den Erdboden. Leute mit Taubensackeln oder die nur einen Käfig hatten, gingen mit diesem unter dem Arm damit auf und ab, wodurch eben das geschilderte Ameisengewimmel entstand. Das Publikum, das den Vogelmarkt besuchte, war ein ungemein gemischtes … da gab es noch kleine Buben, die mit einem Vogel in der Tasche oder mit einer Taube in der Hand unermüdlich umhergingen, um sie zu verkaufen. War es ihnen gelungen, so kauften sie sofort ein neues Tier, um dieses wieder mit einem Nutzen von 2 bis 5 Kreuzern weiter zu verkaufen. So wurde fortwährend gekauft und verkauft, wie an der Börse, von nachmittags 1 Uhr bis zum Einbruch der Dunkelheit. Die Käufer, die den Markt besuchten, um sich einen Zeisig oder eine Taube zu kaufen, waren meist kleine Leute, die von der eigentlichen Liebhaberei nur einen schwachen Begriff hatten. Dagegen waren aber auch Kenner und sehr reiche Herrschaften aus allen Ständen zu treffen, die sogar mit ›Kaiserliche Hoheit‹ anzusprechen wären, wenn die großen, schwarzen Augengläser sie nicht entstellt hätten.«

1884 wurde der Lerchenfelder Taubenmarkt geschlossen, die Taubenfreunde verlegten ihre Zusammenkünfte in Wirtshäuser, in welchen auch die verschiedenen Taubenvereine ihren Sitz hatten.

Proletarisches Sonntags-Vergnügen

Die Nachfolger des legendären »großen« Taubenmarkts in Lerchenfeld trat schließlich 1896 »der Strohmeier« in Wien Meidling an. Die Brüder Strohmeier selbst waren begeisterte Taubenzüchter, ihr Wirtshaus und der Gasthausgarten wurde für Jahrzehnte Treffpunkt und Refugium für Wiens Taubenfreunde, der Sonntagvormittag war Markttag. Anfang der sechziger Jahre mußte allerdings auch »der Strohmeier« – dessen Besitzer längst einen anderen Namen führte – einem modernen Neubau weichen.

Der Wiener Volksschriftsteller Max Winter schilderte einen Markttag um die Jahrhundertwende so: »Das Mosaik des sozialen Lebens in der Großstadt ist wirklich ein wundersames Gefüge. Da wird es Hunderttausende Wiener geben, die noch nie an einem Sonntagvormittag ihr Weg durch die Aichhorngasse in Meidling geführt hat. Und es ist doch so interessant, was dort zu schauen ist. Im Hofe des Gasthauses Strohmeier sind die Taubenzüchter beisammen, in dem kleinen Altwiener Wirtshausgärtchen. Im Hintergrund haben die Ka-

115

ninchenzüchter ihren Sitz aufgeschlagen, und in den Käfigen längs der Wand sitzen wahre Prachtexemplare von Rammlern und Häsinnen, die verkauft oder getauscht werden sollen. Davor aber stehen die Eigner der jeweiligen Tiere, die sie in Koffern, Kisten, Steigen und kleinen Käfigen gebracht haben. Ein buntes Bild voller Reize für den Laien, der da plötzlich gewahr wird, daß sich Tausende von Proletariern und Kleinbürgern mit dem Züchtergeschäft befassen, und daß es ihnen nicht nur Geschäft ist, daß es ein großes Stück ihrer Lebensfreude ausmacht, vielleicht ihre ganze, daß sie diesem ›Sport‹ dienen können. Bald umschwirren den Fremden die Fachausdrücke, die allen anderen geläufig sind. Am lebhaftesten geht es draußen im Hofe zu, wo sich der Stimmenschwall der Taubenfreunde in das Kru-Kru der gefiederten Lieblinge mischt, die nicht selten zu exorbitant hohen Preisen gehandelt werden. Für ein Paar englische Kröpfer wurden erst neulich 140 Kronen gezahlt, der normale Preis für Brünner Kröpfer sind 20 Kronen. Auch die schwarzen ›Barok‹, die Sehnsucht derer, die sie nicht besitzen, und der Stolz der anderen, erzielen außerordentliche Preise. Besonders geschätzt sind auch die Pfauentauben, die aber nur dann echt sind, wie ein Züchter erklärt, der in allen 130 Rassen Bescheid weiß, wenn sie 32 Schwanzfedern haben. Hier bietet einer zwei junge, schneeweiße Tauben an, unter deren Flaumfedern noch die rosa Haut zu sehen ist. ›Nehmen S's! Nur 40 Heller ane! San meine letzten, i will's los kriegn!‹ Der andere greift die ihm hingereichten Tauben ab, nach langem Hin und Wider ist der Handel fertig. Er nimmt eine Taube, schiebt sie in den Sack seines Rocks und zahlt die 40 Heller: ›'s g'hört für a'Kranke. I muas's nachmittag hamsuachen, da bring' i halt a Täuberl mit.‹ Wird es Mittag, dann hat der Markt seinen Höhepunkt überschritten. Dann lichten sich die Reihen der Züchter und Käufer, scharenweise wandern sie mit ihren Kisten und Steigen, Käfigen und Koffern von dannen, und bald liegen wieder Hof und Garten in idyllischer Ruhe da.«

Die Tauben und ihre Richter – das Ausstellungswesen

Untrennbar verbunden mit den Taubenmärkten war auch das Ausstellungswesen. Meist wurden in jenen Gasthäusern, in denen Züchtervereine ihren Sitz hatten und wo an Sonntagen Tauben verkauft und getauscht wurden, auch jährliche Ausstellungen abgehalten. Die beste Ausstellungszeit ist von Dezember bis März, weil die Tauben dann den Federwechsel hinter sich haben, sich im schönsten Kleid präsentieren und mit der Zucht meist erst ab Mitte März begonnen wird.

Und natürlich werden Tauben nicht nur ausgestellt, sondern auch bewertet: bei »Schönheitstauben« wird das Aussehen mit dem jeweiligen Standard für die Rasse verglichen, »Leistungstauben«, wie etwa Brieftauben, müssen neben attraktivem Äußeren auch entsprechende Flugerfolge vorweisen können.

Heute gibt es neben den Vereins- und Gebietsschauen auch nationale und internationale Konkurrenzen bis zur »Europaschau« und »Olympiade«. Richter, die bei den Zuchtverbänden eine für die jeweilige Rasse spezialisierte Prüfung ablegen mußten, nehmen die ausgestellten Tiere genau in Augenschein, bewertet wird nach einem Punktesystem. Das ideale Tier, das dem vor-

Pfauentauben zählen seit jeher zu den beliebtesten Rassen.

gegebenen Rassestandard in jedem winzigsten Detail entsprechen muß, wurde mit hundert Punkten bewertet – aber so vollkommen ist eben keine Taube. Jeder »Fehler« bringt einen Punkteabzug – wer eine 96-Punkte-Taube erzüchtet hat und ein »vorzüglich« einheimst, kann stolz sein.

In früheren Zeiten wurden besonders schöne Täubchen oft mit wertvollen Preisen prämiert, heute wird meist nur der Ehre halber ausgestellt, Urkunden und Pokale schmücken dann daheim die Wohnzimmerwand des erfolgreichen Züchters. Der materielle Nutzen macht den Aufwand für die Tierhaltung und die Reisen zu den Ausstellungen kaum je wett, verdient werden kann nur beim Verkauf von Tieren an andere Züchter: »Siegertauben« und ihre Nachkommen sind natürlich begehrter als unprämiertes Geflügel.

Tauben und Tierschutz

Gerade im Zusammenhang mit Märkten und Ausstellungen traten auch immer wieder tierschützerische Probleme auf. Schon als Anfang der achtziger Jahre des vorigen Jahrhunderts der Lerchenfelder Taubenmarkt von den Behörden aufgelöst wurde, geschah dies auf Betreiben der Tierschutzvereine. Adolf Schumann nennt die genauen Gründe: »Die gekauften Tauben steckten diese Herren, die keinen Käfig oder ›Sackl‹ tragen wollten, einfach in die Rocktasche. Diese Transportweise war der erste Anstoß, den der… Tierschutzverein an dem Vogelmarkt nahm.« Aber nicht nur die oft rohe Behandlung, die sogenannte »Vogelfreunde« den Tieren angedeihen ließ, auch der Umstand, daß gefangene Wildvögel angeboten wurden, erregte zusehends Widerspruch. Schumann: »Man sah da verlotterte, jugendliche Gestalten, die sich durch das Fangen von Vögeln ihr kärgliches Brot verdienten, dieses aber immer noch der Arbeit vorziehend; sie hielten in ganz niedrigen Käfigen, den sogenannten Vogelsteigen, Körnervögel feil, dieselben mit lautem Rufen anpreisend… Die Aufhebung des Lerchenfelder Geflügelmarktes… erfolgte über Ansuchen des Tierschutzvereins in Wien und sollte gerechter- und vernünftigerweise nur die sich an gleicher Stelle eingenisteten Vogelsteller treffen.«

Auch heute werden auf Kleintiermärkten traurigerweise nicht nur erzüchtete, sondern auch Wildtiere angeboten. Mittlerweile ist das Fangen von Wildvögeln im gesamten deutschen Sprachraum zwar verboten, doch wo kein Kläger ist, ist bekanntlich auch kein Richter. Auch »Schmuggelware« – etwa artengeschützte Papageienvögel – sind immer wieder auf den »Taubenmärkten« zu finden. Ebenso Tiere, die zwar in Gefangenschaft zur Welt kamen, aber als Haustiere gänzlich ungeeignet sind, etwa Nasenbären, Schlangen oder empfindliche Wildtauben.

Noch ist es leider so, daß nicht jeder, der Tiere – auch Tauben – hält und züchtet, auch ein Tierfreund ist. Tiere werden schließlich aus den unterschiedlichsten Motiven heraus gehalten: Der eine stillt damit seinen Pflegetrieb, der andere freut sich an der Anmut oder am possierlichen Verhalten seiner Haustiere. Immer wieder müssen Tiere aber auch die Defizite ihrer Besitzer wettmachen: Viele Exoten werden nur aus Renommiersucht gehalten. Und gerade bei der Rassezucht befriedigt so mancher von Minderwertigkeitskomplexen Geplagter seinen frustrierten Ehrgeiz, indem er von den ihm anvertrauten Tieren jene Höchstleistungen verlangt, die er selbst nicht zu erbringen vermag.

Auch unterschwellige Sadismen werden immer wieder an Tieren abreagiert. Gerade in der Rassetaubenzucht, wo nur strenge Auslese zum Ziel führt, brüsten sich immer wieder Züchter damit, wie unbarmherzig sie bei ihren Tieren, »die Spreu vom Weizen trennen«, daß heißt, nicht ganz so perfekte Exemplare – manchmal auch grausam – töten.

Auch in der Haltung selbst ist nicht immer Tierliebe am Werk: Bauen manche Taubenliebhaber ihrem Federvieh wahre Paläste, so halten andere das ihre in regelrechter Verwahrlosung. Die Taube ist da hart im Nehmen; sie vegetiert auch unter schlimmsten Bedingungen und produziert oft noch Junge, wenn sie selbst schon mehr tot als lebendig ist.

Auf manchen Märkten – nicht auf allen – sind deshalb immer wieder auch kranke, manchmal schon regelrecht hinfällige Vögel zu sehen, aus deren Verkauf irgendein »Tierfreund« noch Kapital schlagen will. Der Laie mag glanzlose Augen, geplusterte Federn, geschwollene Gelenke oder schweres Atmen gar nicht bemerken oder nicht richtig deuten. Der Vogelkenner sieht auf einen Blick, daß hier schwere, mitunter sogar hochinfektiöse Erkrankungen vorliegen. Kranke Tiere leiden nicht nur, sie gefährden auch andere – bei Ausstellungen wird deshalb peinlich darauf geachtet, daß nur gesundes Federvieh hergezeigt wird, gegebenenfalls ist auch ein Impfnachweis gefordert.

Trotzdem geraten auch Ausstellungen immer wieder ins Schußfeld der Kritik – allerdings nicht immer zu Recht. Für den Laien mag es wie Tierquälerei aussehen, wenn Tauben tagelang in kleinen Ausstellungskäfigen sitzen müssen. Tatsächlich werden Ausstellungstiere von ihren Besitzern langsam und geduldig an den Käfig gewöhnt. Diese »Käfigdressur« ist nicht uneigennützig: Nur ein ruhiges, entspanntes Tier zeigt sich dem Preisrichter von seiner schönsten Seite. In der Regel ertragen Tauben eine Ausstellung recht gleichmütig, wichtig ist allerdings, daß sie nicht länger als zwei Tage im engen Käfig verbringen müssen. Natürlich sind auch Hygiene wichtig, regelmäßige Futter- und Wassergaben und ein Klima, das der Taube nicht schadet. In niedrigen, überbesetzten Ausstellungsräumen, die womöglich noch überheizt sind, kann es durch die schlechte Luft zu Atemwegserkrankungen kommen.

Auch beim Transport von Tauben gibt es Irrmeinungen: Die Taube fühlt sich in einem kleinen, geschlossenen Behältnis viel wohler als in einem rundum einsichtigen Käfig. Ein ihrer Größe angepaßter Karton ist gar nicht der schlechteste Transportbehälter, am besten ist natürlich ein Taubenkorb mit Aussichtsfenster.

»TONTAUBEN« AUS FLEISCH UND BLUT

Nicht nur edle Rassetauben für die Zucht und Tauben für den Sonntagsbraten wurden früher auf Taubenmärkten angeboten, zahllose Tiere wurden auch für ein besonders grausames Vergnügen verschachert. »Neben dem breiten Flur ist ein Großhandel etabliert«, berichtet der Chronist Max Winter. »Dort ist die Börse für die Schußtauben. 1 Krone 40 Heller bis 2 Kronen das Paar, so werden diese Tiere gehandelt, deren Schicksal es ist, den Menschen, indem sie sich zum Schuß darbieten müssen, ein Vergnügen zu bereiten. Zu Hunderten werden diese Tauben von Freunden des Taubenschießens angekauft. Die Tiere steigen im Preis, wenn es ihnen gelingt, der Schußlinie der im Kreis aufgestellten Schützen zu entrinnen. Da gibt es Tauben, die zwanzigmal und mehr dem todbringenden Blei entronnen sind. Da jede Schußtaube einen Stempel bekommt, ist es leicht festzustellen, wie oft so ein Tier, das immer treu zum Schlag zurückkehrt, dem Schützenvergnügen ausgesetzt wird.« Heute wird das »Sportschießen« auf lebende Tauben weitgehend durchs »Tontaubenschießen« ersetzt, wobei auf von einer Maschine ausgeschleuderte Tonscheiben geschossen wird. In manchen Mittelmeerländern, in denen Tierschutz auch sonst nur wenigen ein Anliegen ist, wird der »Schießsport« aufs lebende Ziel aber nach wie vor praktiziert. Doch auch bei uns »vergnügen« sich immer wieder »Sportschützen« mit der – verbotenen – Jagd auf Straßentauben.

30 000 TAUBEN UND 10 000 TAUBENFANS

Es ist Sankt Blasius, und die Winternachtkälte läßt einem fast den Atem gefrieren. Der Tag ist noch blutjung, die Turmuhr schlägt zwei Stunden nach Mitternacht, und als die Glocken verstummen, hallen nur noch einsame Schritte durch die Enge der steinernen Gassen. Ein winterbleicher Mond taucht den alten Friedhof in sein Licht, hinter dem vergitterten Tor schimmern Kerzenflammen. Die uralten Mauern atmen Stille, doch dann ertönt der erste Hahnenschrei. Er verkündet nicht den nahen Morgen, sondern die Nähe des Marktplatzes, und diesem ersten Schrei folgen hinter der nächsten Wegbiegung Tausende Stimmen. Es gackert und gurrt und schnattert und murrt, und ab und zu durchdringt gellendes Krähen das Getöse.

Das bayerische Wasserburg ist historisches Pflaster. Könige, Fürsten und Herzöge residierten in der Burg hoch über der malerischen Inn-Schleife, doch seit dem Mittelalter gehört die Stadt in der Nacht vom 2. auf den 3. Februar dem Federvieh und seinen Bewunderern. Alle Jahre wieder zu Sankt Blasius ist Taubenmarkt in Wasserburg, 30 000 Vögel und 10 000 Vogelfreunde kommen zu diesem Ereignis aus aller Herren Länder. Um zwei Uhr morgens beginnt das Markttreiben, um zwölf Uhr mittags ist alles vorbei. In den zehn Stunden dazwischen wechseln Tausende Tauben, Hühner, Gänse, Enten, Truthähne, Wachteln, Ziervögel und auch das eine oder andere Karnickel den Besitzer. Es werden

Freundschaften geschlossen, Fachgespräche geführt, Erfahrungen ausgetauscht. Bei minus 15 Grad wärmt nicht nur das gemeinsame Interesse am Geflügel, sondern auch so mancher Schnaps in den Gasthöfen rund um den Marktplatz, die die ganze Nacht geöffnet haben.

Taubenfreunde aus ganz Europa zieht es an diesem Tag nach Wasserburg, sie reisen autobusweise an, trotzdem ist der Markt kein großes Geschäft. Auch wenn's in Wasserburg zehn Stunden lang von Taubenfreunden wimmelt – die Taubenzucht ist heute doch die Leidenschaft einer Minderheit. Entsprechend gering ist die Nachfrage nach dem gurrenden Federvieh, und wo wenig Nachfrage herrscht, halten sich die Preise in Grenzen.

Ganz passable Tiere sind oft schon um 15 Mark zu haben. Und wer die Nerven behält, kann die Taube seiner Träume möglicherweise kurz vor Mittag um noch weniger Geld nach Hause nehmen.

Doch nicht alle kommen, um zu kaufen und zu verkaufen. Viele kommen, um zu schauen – und werden nicht enttäuscht. Der Taubenmarkt zu Wasserburg bietet wahrhaft mittelalterliche Buntheit, für eine Nacht und einen halben Tag wird eine längst vergangene Zeit wieder lebendig. Und manch ein Besucher, auch wenn er gar nicht die Absicht hatte, Geflügel zu erwerben, nimmt ein Pärchen Tauben mit heim, um sich so den Traum von der Zeitreise über Sankt Blasius hinaus zu erhalten.

»Der Handel mit den Tauben nimmt gewöhnlich zum Fastnachten jedes Jahres seinen Anfang, manchmal auch 8 bis 14 Tage eher, dann auch wieder etwas später, wozu die eingetretene schöne Jahreszeit sehr viel beiträgt, indem die Tauben dadurch zu neuem Trieb der Paarung gereizt werden.«

Die Preise beim Verkauf der Tauben sind willkürlich, und demnach der Gutherzigkeit des Taubenhändlers überlassen, da bekanntlich dieselben mit einer Taxe nicht versehen seyn. Schön gezeichnete, seltene auch fremde Taubenarten lassen sie sich freilich theuer bezahlen, welches ihnen auch nicht zu verargen, da die Sache an und vor sich Liebhaberei ist.«

»Die Betrügereien, die bei dem Verkauf der Tauben zu herrschen und demnach vorzukommen pflegen, sind verschiedentlich, daher nur folgende in Erwähnung. Der erste Betrug, welcher bei dem Taubenhandel wissentlich begangen wird, besteht Hinsicht des Geschlechts, indem Tauberte für Täubinnen und Täubinnen für Tauberte verkauft werden.«

»Der zweite Betrug besteht in dem Alter der Tauben, indem 3 bis 4jährige und 5 bis 6jährige für 2jährige und ältere für 3jährige Tauben ausgegeben und verkauft werden.«

Christian Gottlob Schmidt:
Der Tauber oder der vollkommene
praktische Rathgeber, 1821

»Der dritte Betrug besteht im Abschneiden und Ausrupfen der Federn. Da man nämlich den Tauben Vollkommenheit in Hinsicht ihrer natürlichen Schönheit zu verschaffen, diejenigen Tauben, die eine kleine Haube und kurze Krause haben, die kleinen Federn, welche an derselben anliegen, abgeschnitten werden, damit die anderen tiefer zu liegen, die Haube besser zu stehen, und ein besseres Aussehen bekommt.«

*Christian Gottlob Schmidt:
Der Tauber oder der vollkommene
praktische Rathgeber, 1821*

»Der vierte Betrug besteht in der Färbe- und Malerei der Federn der Tauben... Diese Schönfärberei, welche in ihrer Kunst sehr viel gethan, haben es wirklich soweit gebracht, daß ihre gemalten Federn den natürlichen in ihrer Schönheit nicht nachstehen... Der fünfte Betrug besteht in Reinhaltung und Reizung. Tauben phlegmatischer, schwacher, magerer, beschädigter und kränklicher Arten, welche meistentheils sich unreinlich halten... werden fleißig gewaschen und gesäubert, auch mittels Ertheilung verschiedener Futterarten oder stärkender Getränke zur Aufmunterung gereizt und bei der Besichtigung des Käufers durch Pfeifen oder anderen Laut der Stimme... zur Lebhaftigkeit ermuntert.«

»Der sechste Betrug besteht darin, wenn ein Taubenhändler seine eigenen zum Fliegen habenden Zuchttauben an Einheimische verkauft, die allemal, so sie herausgelassen werden, gleich wieder zu ihm kommen, welcher Betrug sehr häufig zu geschehen pflegt.«

*Christian Gottlob Schmidt:
Der Tauber oder der vollkommene
praktische Rathgeber, 1821*

»Sie kennen mich schon von weitem…« – Straßentauben

Colombophilie hat viele Gesichter – und manchmal wendet sie sich auch den Ausgestoßenen und Verachteten zu. Straßentauben sind die Parias unter den Tauben. Zehntausende leben in jeder Großstadt, in »Taubenmetropolen« mitunter sogar einige Millionen. Sie alle sind Nachkommen verwilderter Haustauben – Theorien, daß sich wilde Felsentauben in jüngerer Vergangenheit selbständig als Kulturfolger in den Städten angesiedelt haben, sind wenig wahrscheinlich: Straßentauben gibt es in allen Städten der Welt, keinesfalls nur in jenen wenigen, die im Einzugsbereich der raren Felsentaubenvorkommen liegen.

Äußerlich haben sich die Straßentauben allerdings ihren wilden Verwandten wieder angeglichen: blaugrau mit schwarzen Flügelbinden – so ist auch das Federkleid der Felsentaube gefärbt. Immer wieder aber verraten auffällige Färbungen und mitunter sogar Federhäubchen und befiederte Beine und Füße, daß die ordinären Straßentauben »rassige« Vorfahren hatten.

Den Freunden der Straßentauben sind solche Äußerlichkeiten allerdings gleichgültig, ihr Motiv für die Liebe zur Taube ist Mitleid. »Wenn mich wer anpöbelt, weil ich die Tauben füttere, sage ich dem: Sie haben leicht reden, Sie haben schließlich einen vollen Bauch!« erzählt Hermine K. aus ihrem Alltag. Der ist von Freude und Leid geprägt: Freude machen ihr die Tauben, die bereits Stunden vor der Fütterzeit Stellung beziehen und ihre Gönnerin schon von weitem erkennen. Leid bereiten ihr die Anfeindungen, denen sie ausgesetzt ist. Denn auf jeden Taubenfreund kommen etliche Taubenhasser. Und die sind mindestens ebenso leidenschaftlich bei der Sache.

Verhaßte »Mistviecher«…

Was die Straßentauben in den Augen so vieler zum Schädling macht, ist ihre Hinterlassenschaft: Bis zu 4 Kilogramm Kot produziert eine Taube pro Jahr. Daß sich Tauben gerade im steinernen Meer der Städte so heimisch fühlen, hat seinen guten Grund: Für die Nachkommen der »columba livia«, der Felsentaube, ist die Stadt ein Gebirge, als Stadtbewohner kehren sie gewissermaßen zurück in die steinerne Heimat ihrer Stamm-Mutter. Häuserwände werden zu Klippen, Dachböden zu heimeligen Höhlen, U-Bahnschächte zu Grotten im Berg.

In der Peripherie, wo Parks und Gärten Grün ins Steingrau bringen, treten Tauben niemals in Massen auf, dort finden sie viel weniger Nistmöglichkeiten, außerdem wirken auch Raubvögel bestandsregulierend.

Doch nicht nur Ruhe- und Brutplätze bieten die Stadtkerne zuhauf, in der City findet sich auch immer etwas zu futtern. Eine hervorragende Eigenschaft der Straßentaube ist ihre Anpassungsfähigkeit: Als Städterin besteht sie längst nicht mehr auf Körnerdiät, Straßentauben fressen neben Brot, Kuchen und Nudeln sogar Nahrungsmittel wie Wurst, Fleischreste, Pommes frites, Hamburger mit Brötchen, Schokolade, Eis oder Käse – kurz alles, was sich im Rinnstein und im Umkreis von Imbißbuden findet.

Und natürlich werden Tauben auch ganz gezielt gefüttert: »Taubenmütter« und »Taubenväter« versorgen regelmäßig ganze Heerscharen von Straßentauben. Ihre Lieblinge harren mitunter schon Stunden vor der

»Verhaßte Mistviecher«: daß Tauben ständig »Patzerln« produzieren, hat seinen guten Grund. Alle Vögel setzen ständig Kot ab, weil sie als Flugtiere einen sehr effektiven Stoffwechsel besitzen und möglichst wenig Gewicht haben sollten. Müßten sie ihren »Mist« mit sich herumschleppen, würde das ihr Energiebudget belasten.

»Degeneriert« werden Straßentauben immer wieder genannt – aber das Gegenteil ist der Fall. Es ist bemerkenswert, wie sie es schaffen, sich auch den schwierigsten Lebensbedingungen anzupassen.

Mahlzeit auf den Häusern am Futterplatz aus. Die sind denn auch ganz besonders verschmutzt, was wiederum den Zorn der Anrainer erregt.

... und geliebte Vogerln

Mehrere Tonnen Körnerfutter – Weizen, Mais, Sonnenblumenkerne – werden in den größeren Städten jedes Jahr dem Taubenvolk zum Fraß vorgeworfen, daran ändern auch vielerorts verhängte Fütterungsverbote nichts. Wenn es sein muß, verlegen die Taubenfreunde ihre Aktivitäten eben in menschenleere Zeiträume. Gefüttert wird dann nachts, wenn die Tauben sich frühmorgens auf dem Futterplatz einfinden, ist der Tisch schon gedeckt.

Sind solche zeitverzögerte Ausspeisungen nicht möglich, greift man gegebenenfalls zu regelrechten Geheimdienstmethoden: Klammheimlich, während des Gehens wird das Futter dann aus unterm Mantel verborgenen Behältern geleert – das so getarnte Tun wird dann nur mehr von einem ganz konzentrierten Beobachter bemerkt. Und natürlich von den Tauben, die ihre Gönner immer wieder gehörig in Verlegenheit bringen – auch wenn der Taubenfreund vor Scham in den Boden versinken möchte, seine Vögel umschwirren ihn, sobald sie seiner ansichtig werden.

Von Taubenhassern werden Tauben immer wieder als »dumm« herabgewürdigt, aber sie sind tatsächlich sehr intelligent – zumindest in jenen Belangen, die ihnen wichtig sind. Ihre Fütterer erkennen sie nicht nur von weitem, sondern auch in den unterschiedlichsten Gewandungen: Ob Hut, Mantel, Regenschirm – die Tauben haben einen sechsten Sinn für den, der ihnen wohlgesonnen ist. Gegebenenfalls orientieren sich ganze Schwärme sogar an Pfiffen und Handzeichen.

Liebesleben im Hinterhof: Paarung, Nestlinge, »halbstarkes« Jungtier. Der kleine Tauber sitzt dort, wo er nach Meinung vieler hingehört: auf einem Mülleimer.

Die Basler Wissenschaftlerin Jacqueline Weber hat das »Bettelverhalten der Stadttaube« untersucht und festgestellt, daß das Federvieh sogar aufs bloße Rascheln eines Nylonsackerls reagiert. Herausgefunden hat die Forscherin auch, daß Tauben mit potentiellen Futterspendern von sich aus aktiven Blickkontakt aufnehmen, um sie zur Übergabe der begehrten Körner zu animieren. Gerade diese – wenngleich nicht uneigennützige – Kontaktfreudigkeit der Taube fasziniert und berührt die Taubenfreunde. Wie weit die Kommunikation zwischen Vogel und Mensch gehen kann, berichtet Monika S.: »Eine bestimmte Taube, ein Weibchen, das ich schon vorher gut gekannt habe, hat in einer Mauernische an einer belebten Geschäftsstraße gebrütet. Jeden Tag hat sie um etwa drei Uhr aus ihrem Brutplatz herausgeschaut. Ich habe dann mit der Hand gewunken und bin um die Ecke zum Park gelaufen. Sie ist mir nachgeflogen, und ich habe sie dann dort, wo wir unbeobachtet waren, gefüttert. Sie hat sich diesen Ablauf in zwei, drei Tagen beibringen lassen.«

Tierliebe als Zwangshandlung?

Taubenfreunde nehmen allerhand auf sich, ihr Alltag ist bestimmt durch die Sorge um ihr Federvieh. Straßentauben haben einen ausgeprägten Zeitsinn, sie wissen, wann Essenszeit ist, und ihre Gönner versuchen den Stundenplan peinlich genau einzuhalten. Probleme werfen Urlaubszeiten und Krankheit auf. Hermine K.: »Wenn ich auf Kur fahre, füttert meine Freundin die Tauben.« Angst hat sie davor, krank zu werden, weil ihre Lieblinge dann unversorgt wären. Hermine K. ist Pensionistin, doch die Vorstellung, daß ausschließlich ältere Frauen Freude am Taubenfüttern finden, ist ein Klischee. Sie mögen zwar die größte Gruppe unter den Taubenfreunden stellen, aber auch Männer und junge Menschen versorgen Tauben mehr oder minder regelmäßig mit Futter.

»Jeden dritten Tag bekommen die Vogerl ihr Essen!« erzählt Robert T., auch er ist Pensionist und betreibt sein Geschäft beinahe professionell. Alle drei Tage werden die Meisenringe im Park erneuert, in die Vogelhäuschen kommt Hirsemischung für Sperlinge und andere Kleinvögel, und auch die Tauben erhalten ihre genau bemessene Futterration. Karl S. wiederum ist noch lange nicht pensionsreif, auf den ersten Blick würde man ihn für den Geschäftsmann halten, der er ist, dennoch versorgt er regelmäßig eine große Gruppe Tauben in der Innenstadt. Karl S. ist allerdings die Ausnahme, Männer füttern Tauben meist nur gelegentlich, etwa wenn sie im Sommer die Mittagspause eines Bürotages im Park verbringen und sich die Zeit vertreiben, indem sie den Tauben Brotbrocken zuwerfen und sie beobachten.

»Genußfütterer« nennt Jacqueline Weber diese Gruppe von Taubenfreunden. Die anderen, die regelmäßigen »Versorger«, bezeichnet die Taubenforscherin in ihrer Arbeit als »Fütterer aus Fürsorgezwang«. Tatsächlich kann die Liebe zur Taube den Charakter einer neurotischen Zwangshandlung annehmen. Claudia S. ist knapp über dreißig, vor drei Jahren begann sie einige Tauben im Hof ihres Wohnhauses zu füttern. Heute beläuft sich der Schwarm, der sich nahezu den ganzen Tag auf den Dächern der Nachbarhäuser aufhält, auf etwa 200 Tiere – einerseits haben die ursprünglich anwesenden Vögel ihren Nachwuchs mitgebracht, andererseits sind natürlich auch viele »fremde« Tauben zu-

Endstation Tierheim. Im Wiener Tierschutzverein hat man auch ein Herz für kranke und verletzte Tauben. Nachdem sie verarztet wurden, kommen sie in die Gemeinschaftsvoliere. Einmal im Monat wird der Käfig geöffnet, genesene Vögel machen sich auf die Heimreise, einige beziehen Wohnung im Vereins-Taubenkobel.

geflogen. Zweimal täglich – morgens vor und abends nach der Arbeit – wird der Schwarm von Claudia K. gefüttert, die sich ihren Tagesablauf streng nach den Fütterzeiten einrichtet und schon beträchtliche Summen für die Ernährung der Vögel aufwendet. Proteste der Anrainer sind längst nicht mehr ihr einziges Problem, wie sie berichtet. »Am schlimmsten sind die kranken Tiere, früher hatte ich keine Krankheiten bei den Tauben, aber jetzt finde ich oft Vögel, die wirklich sterbenskrank

Taubenleben unterm Dach: in Abbruchhäusern hausen oft Hunderte Tauben auf den Dachböden. »Taubenslums« werden solche Nistkolonien oft genannt, doch der Gesundheitszustand der dort lebenden Alt- und Jungtiere ist oft hervorragend. Man darf tierische Lebensräume nicht mit menschlichen Maßstäben messen: auch in den Nistkolonien anderer Tierarten – etwa von Fledermäusen – fallen große Mengen Kot an, liegen mitunter verendete Tiere umher. Wir ekeln uns vor solchen »Slumbedingungen«, die Jungtauben erwerben sich durch den Kontakt mit Bakterien und Viren jene Immunität, die sie später vor Infektionen schützt.

Nistplätze sind überall. Immer wieder erreichten Tauben ihre Nester auch in Ladenmarkisen. Sie verlassen ihre Verstecke auch nicht, wenn die Markise geschlossen wird, weil sie sich in der dunklen Enge behaglich fühlen. Doch dieses Gefühl der Sicherheit trügt: wird die Markise länger als zwei, drei Tage nicht geöffnet, wird sie zur Todesfalle. Eltern- und Jungtiere verschmachten im hermetisch verschlossenen Markisenkasten. Ladenbesitzer könnten vorbeugen, indem sie Markisen ohne Kästen montieren oder die Markise täglich vor dem Schließen mit einem Besen durchkehren.

sind.« Die räumliche Enge im Hof und die große Anzahl der Tiere fördern die Ansteckung mit Infektionskrankheiten. Immer wieder muß Claudia K. flugunfähige Tiere im Hof aufsammeln, sie versucht sie gesundzupflegen, was einen zusätzlichen Mehraufwand an Zeit und Geld bedeutet.

»Zwangsneurose« nennt die Psychologie das Gefühl, etwas unbedingt tun zu müssen, auch wenn man darunter leidet. Die häufigsten Zwangshandlungen sind Wasch- und Ordnungszwänge. In Ansätzen sind solche Tendenzen ja bei fast allen Menschen vorhanden: Beinahe jeder hat seine kleinen Rituale, die zwar keinen Sinn machen, aber für den Seelenfrieden ganz einfach notwendig sind. Krankhaft werden solche Zwänge, wenn sie sich verselbständigen und sich vom kleinen »Tick« zu belastenden Einschränkungen des Lebens auswachsen.

Bei Claudia K. liegt bestimmt schon ein Problem in dieser Richtung vor, aber im Unterschied zu anderen »Zwangshandelnden« ist nicht nur sie selbst von ihrer Neurose betroffen – ihr »Zwang« richtet sich schließlich auf Lebewesen. Einerseits fühlt sie sich durch die Situation mittlerweile psychisch schwerstens belastet, gleichzeitig kann sie das Gefühl der Verantwortung für »ihre« Tauben aber nicht verdrängen.

Taubenhaß als Neurose?

Wer nichts an Tauben findet, wird solchen seelischen Verstrickungen vielleicht verständnislos gegenüber stehen – doch nicht nur die Taubenliebe, auch der Haß aufs gurrende Federvieh nimmt mitunter pathologische Züge an. Elvira M. ist schwer gehbehindert, trotzdem scheut sie keinen Umweg, um sich hinter Hausecken zu verbergen, wenn sie einen Taubenfütterer in Aktion wittert. Kaum macht der oder die sich daran, das Werk zu vollziehen, humpelt Frau M. aus ihrem Versteck, schwingt ihre Krücke und schimpft lauthals. Sie selbst ist in ihrem Wohnbereich durch Tauben nicht belästigt, aber die grauen Gurrer sind ihr eben ein Dorn im Auge. Ebenso wie Wilfried R., der eigentlich vielbeschäftigt ist, aber wenn er jemanden verdächtigt, den Tauben Futter zu streuen, geht er oft viertelstundenlang hinter Litfaßsäulen und Parkgesträuch in Deckung, bis er den Übeltäter in flagranti ertappt. Der Pensionist Erwin K. wiederum geht regelrecht Patrouille, in seinem »Bezirk« müssen Taubenfütterer schon sehr flink sein, wenn sie nicht eine Schimpfkanonade über sich ergehen lassen wollen.

Taubenfreunde – Taubenfeinde: Unbemerkt von der breiten Öffentlichkeit tobt zwischen ihnen ein Guerillakrieg. Die einen bestehen darauf, ihren Lieblingen Gutes zu tun, die anderen treibt der bloße Anblick einer Taube zur Weißglut. Die Taubenmütter und -väter streuen Körner, weil sie beim Anblick der flott futternden Schar ihre Einsamkeit vergessen, weil sie sich gebraucht und geliebt fühlen möchten – doch was bewegt die Taubenhasser?

Kommt man mit ihnen ins Gespräch, werden Verschmutzungen und das Risiko der Krankheitsübertragung durch Tauben genannt. Doch als tatsächliches Motiv scheinen solche Erklärungen kaum auszureichen – die »Taube als Krankheitsüberträger« ist ein schlichter Mythos, die Gebäudeverschmutzungen durch Tauben sind zwar mitunter beträchtlich, aber bekanntermaßen tragen der durch Hausbrand, Industrie- und Autoabgase hervorgerufene »saure Regen« und die säurehaltige Luft hauptsächlich Schuld an der Zerstörung alter Bausubstanz. Und als Umweltschützer gebärden sich Taubenhasser kaum militant.

Bei näherer Betrachtung scheint sie an der Taube das zu provozieren, was immer wieder auch an Kindern stört: ihre Lebendigkeit. Tauben sind ein Element der Unord-

nung im abgezirkelten, starren System Stadt. Sie sind das »Wilde« in all der Zivilisation, und sie bleiben nicht scheu am Rand oder im Untergrund wie andere urbane Tierarten, sondern sie nehmen die Stadt – und wenn man es ihnen erlaubt, auch deren Menschen – in ihren Besitz. Tauben sind – wie die Kinder – nichts für Pedanten, die das Unberechenbare fürchten, weil es sich ihrem Einfluß entzieht.

Immer wieder werden »Taubenfreunde« als einsam und kontaktarm beschrieben, die Liebe zur Taube sei gewissermaßen das Trostpflaster, mit dem sie ihre Isolation kaschieren. Studiert man die Taubenfeinde, stößt man auf zumindest den gleichen Prozentsatz an Kontaktgestörten – das Ventil für ihre Frustration sind allerdings negative Emotionen.

Not im Überfluß

Immer wieder kommt es vor, daß Taubenfeinde auch zur Selbstjustiz greifen: Georg Kreislers Chanson vom »Taubenvergiften im Park« ist nach wie vor traurige Realität. Doch auch dort, wo es den Tauben gutgeht, geht es ihnen in Wahrheit oft schlecht. Denn die Lebenssituation der Straßentaube ist eine gänzlich unnatürliche. Im biologischen Haushalt ist die Taube ein Beutetier, ihre hohe Vermehrungsrate sichert den Bestand der Art. In der Stadt fehlen Freßfeinde meist – die Populationen wachsen ins Uferlose, auch kranke und verletzte Tiere werden nicht durch die natürliche Auslese von ihren Leiden erlöst und vegetieren oft wochenlang dahin.

Besonders Jungtiere leiden unter der Übervölkerung. Auf ungenutzten Dachböden – etwa in Abbruchhäusern – existieren mitunter regelrechte »Taubenslums«: Generationen von Tauben wurden dort schon geboren, die Nestlinge hocken zwischen Kotbergen und den Resten toter Artgenossen, von Parasiten und Krankheiten geplagt. Mitunter sollen sogar Ratten die Kröpfe der Jungen annagen, um ans verfütterte Korn zu gelangen.

Auch sonst haben Straßentauben einiges auszustehen: die hohe Populationsdichte fördert die Übertragung von Infektionskrankheiten, das häufig unnatürliche Futter schwächt ihre Widerstandskraft, außerdem sind sie der Vielzahl von Umweltgiften, die heute Luft und Boden der Städte verseuchen, hautnah ausgeliefert.

Wird sie nicht von einem Greifvogel geschlagen, kann eine gesunde Taube bis über zwei Jahrzehnte alt werden. In unseren Großstädten – ohne Raubvogelgefahr – werden Tauben kaum älter als vier bis sechs Jahre.

Trotzdem nehmen die Bestände eher zu als ab. Tauben vermehren sich auch unter schlechtesten Bedingungen: Als Nistplätze dienen zur Not auch Ladenmarkisen, Reklameschilder oder Beleuchtungskörper. Gebrütet wird das ganze Jahr über, auch in der kalten Jahreszeit. Nachwuchs gibt's sogar, wenn's stürmt und schneit – selbst Januarküken werden groß. Und falls tagsüber nicht genug Futter aufzutreiben ist, legen die Eltern einfach eine Nachtschicht ein und umlagern Würstelbuden und Imbißstände vom Abend bis in den frühen Morgen. Tauben gehorchen ihrem Instinkt. In freier Wildbahn hat ihnen ihr Drang zur schrankenlosen Vermehrung das Überleben gesichert, im unnatürlichen Lebensraum Stadt sind sie dadurch häufig zu einer traurigen Existenz verurteilt.

Geburtenkontrolle, aber wie?

Die Straßentaube ist eine Erscheinung der jüngsten Vergangenheit. Für die meisten europäischen Städte ist die Existenz von Straßentauben seit kurz vor der Jahrhundertwende belegt. Zum Problem wurden die Tiere erst ab den fünfziger Jahren. Die Gründe dafür sind einsichtig: Erst mit dem Bauboom der Gründerzeit fanden die Tauben in Lichthöfen und auf stuckverzierten Fassaden jene idealen Nistbedingungen, die ihnen die massenhafte Vermehrung ermöglichte.

Auch wurden nach dem Zweiten Weltkrieg die Dachböden immer weniger genutzt, früher wurden sie zum Teil noch bewohnt oder zumindest zum Aufhängen und Trocknen von Wäsche verwendet. Und vor und unmittelbar nach dem Krieg war auch die wilde Taube selbst noch »Nutztier«: Nicht nur Marder und Katzen jagten damals noch über den Dächern, in den Hungerzeiten der Zwischen- und Nachkriegsjahre waren Taubeneier und Jungtiere der gefiederten »Untermieter« auf dem Dachboden eine willkommene Bereicherung des Speisezettels.

Außerdem war in den schlechten Zeiten vor dem »Wirtschaftswunder« der sechziger Jahre das Nahrungsangebot in der Stadt lange nicht so üppig wie heute: Erst un-

In der Stadt lauern viele Gefahren: besonders häufig sind Fußverletzungen durch achtlos weggeworfene Zwirns- oder Nylonfäden. Die Tauben wickeln sich diese »Fesseln« beim Umherwandern oder beim Nestbau um die Beine. Da Tauben weiche Schnäbel und auch kein instinktmäßiges »Programm« besitzen, an ihren Beinen herumzupicken, können sie die Schnüre nicht entfernen. Die Fesseln ziehen sich immer fester, bis einzelne Zehen oder gar der ganze Fuß nicht mehr durchblutet werden und absterben. Solche Verletzungen enden zwar nur selten tödlich – sie bereiten den Tieren aber sehr wohl große Schmerzen.

Auch Straßentauben sind reinlich und baden leidenschaftlich gern – was ihnen aber mitunter zum Verhängnis wird. Bevor eine Taube ein Bad nimmt, kostet sie das Wasser, schwimmt Öl an der Oberfläche merkt sie es aber nicht, weil sie den Schnabel ja tief eintaucht. Auf diese Weise verschmutzen sich Straßentauben immer wieder das Gefieder, bis sie den »Ölopfern« bei Tankerkatastrophen gleichen.

sere Wohlstandsgesellschaft macht es möglich, daß Brot, Back- und Fleischwaren kiloweise in den Rinnsteinen vergammeln. Für die Taube mag diese Kost nicht die gesündeste sein, aber sie ernährt sie doch.

Und nicht zuletzt werden Tauben heute auch üppiger denn je gefüttert. Selbst Taubenfreunde mit Mindestpension können genug Geld erübrigen, um ihren Lieblingen kiloweise Weizen und Maisschrot zu spendieren. Sie meinen es gut, machen ihren überfütterten Schützlingen aber nur Lust auf noch intensivere Vermehrung. Seit Tauben massenhaft auftreten, wird nach Wegen gesucht, sie zu dezimieren. Vergiften mit Blausäure, Wegfangen und Verfüttern an Zootiere – vieles wurde schon versucht. Gewaltaktionen stießen verständlicherweise auf vehemente Proteste von Tierschützern – und brachten auch nur vorübergehenden Erfolg.

Einen Lichtblick schien die »Anti-Baby-Pille« zu verheißen: Mittels Hormongaben wollte man den Taubenmassen Herr werden, doch das Empfängnisverhütungsmittel war schwierig zu dosieren – wer will schließlich steuern, welche Taube welches Körnchen aufpickt? Zu wenig erfüllte nicht den Zweck, zu viel machte die Tauben krank oder wirkte gar tödlich.

Ein Modell der »Schlagbetreuung« hat der Basler Biologe Daniel Haag Anfang der achtziger Jahre entwickelt. Gleichzeitig mit einer intensiven Aufklärungskampagne der Bevölkerung, die die traurigen Folgen unkontrollierten Fütterns für die Tauben der Stadt aufzeigte, wurden einige Taubenschläge eingerichtet, die von den Basler Straßentauben bezogen werden sollten. In der Nähe dieser Schläge hat man »Begegnungsplätze« geschaffen, an denen das mäßige Füttern der Tauben erlaubt ist. Die Idee war, durch Entfernen der Eier eine Geburtenkontrolle durchzuführen und so den Bestand abzusenken. Ursprünglich war auch geplant, Taubenmütter- und -väter in die Schlagbetreuung mit einzubeziehen und die dort lebenden Tauben auch mit Vitaminen und – so nötig – medizinisch zu versorgen. Diesen sehr begrüßenswerten Vorschlägen ist man leider nicht nachgekommen, die Taubenschläge werden von einem bezahlten Schlagpfleger betreut. Da die Straßentauben die Schläge nur zögernd annahmen, wurden sogar Brieftauben eingesetzt. Und dezimiert wird die Basler Taubenpopulation nach wie vor durch Wegfangen von Tieren.

Trotz dieser Inkonsequenzen böte das »Basler Modell«

Jungtäubchen im Nest: zwei Tage sind diese Täubchen alt, ihre Kröpfe sind wohl gefüllt. Straßentauben umsorgen ihre Jungen mit derselben Inbrunst wie unsere Haustauben.

bestimmt die Möglichkeit zur tierfreundlichen und humanen Reduktion der städtischen Taubenbestände, wie auch Jacqueline Weber konstatiert: »Haags Vorschlag, nach Möglichkeit und Eignung Taubenfütterer in das Taubenprojekt mit einzubeziehen und zum Beispiel bei Pflege der Brutschläge einzusetzen, ist ideal. Den regelmäßigen Fütterern würde somit eine neue Aufgabe gestellt und zusätzlich die Möglichkeit zum Aufbau zwischenmenschlicher Beziehungen gegeben. Es ist keine leichte Aufgabe, wäre jedoch für Mensch und Tier optimal.«

Viele Taubenmütter und -väter würden sich gern an der »sanften« Geburtenregelung beteiligen, schließlich müßten sie sich nicht mehr heimlich und in ständiger Furcht vor Anfeindungen um ihre Lieblinge kümmern, sondern könnten offen den Kontakt zum geliebten Federvieh intensivieren.

Islamische und spanische Tauben

Egal, ob man das Problem »Straßentauben« unter dem Aspekt der Verschmutzung von Gebäuden oder unter dem des Tierschutzes betrachtet – es sollte gelöst werden. Einfach wird die Lösung nicht sein, denn hier besteht eine exemplarische Verkettung von biologischen und sozialen Faktoren.

»Die Taube spielt im Leben vieler Menschen eine bedeutende Rolle – sei es zur Abwechslung und Unterhaltung oder als Ersatz menschlicher Beziehungen. Sie verhilft durch ihre Anwesenheit vielen Menschen über ihre Enttäuschungen und Frustrationen hinweg und stellt eine Brücke zur Außenwelt dar... Die partnerschaftliche Beziehung zwischen Mensch und Tier scheint fast therapeutischen Wert zu haben«, konstatiert Jacqueline Weber. Die Taube, das verhaßte und verschmutzte »Mistvieh«, als Seelentröster, Psychotherapeut und Sozialmediziner?

Erinnert werden muß auch daran, daß in anderen Kulturkreisen auch Straßentauben ihren Ehrenplatz haben – so etwa im islamischen. Dem Moslem ist des Europäers liebstes Haustier, der Hund, eher ein Greuel, »unrein« nennt ihn der Koran. Die Taube, Allahs Vogel, ist ihm dagegen lieb und wert. »Einmal habe ich eine Taube gefangen, die sich einen Nylonfaden um die Beine gewickelt hatte. Ich habe sie davon befreit«, erzählt Monika S. »Da ist ein alter Mann, ein Türke, der dort ein kleines Geschäft mit roten Linsen und anderen türkischen Nahrungsmitteln betreibt, gekommen und hat mir ganz fasziniert zugesehen. Als ich den Vogel wieder fliegen ließ, hat er sich überschwenglich bei mir bedankt und wollte mir sogar die Hände küssen.« Martina R. erlebte Ähnliches: »Ich habe einmal in einer U-Bahnstation eine verletzte Taube gefangen. Ein Zeitungskolporteur, er war Perser oder Ägypter, war darüber ganz begeistert. Er hat geglaubt, ich werde vom Staat dafür bezahlt, den Tauben zu helfen.«

In Spanien wiederum ist Taubenfüttern eine durchaus ehrenwerte Beschäftigung und sogar eine Möglichkeit, Großzügigkeit und Wohlstand zu zeigen. Jacqueline Weber berichtet: »Das Taubenfüttern ist in Madrid ein gesellschaftliches Ereignis... Auf dem Hauptplatz... fütterte ein älterer Herr circa 100 Tauben mit Sonnenblumenkernen. Er trug ein großes Kartonschild umgehängt mit der Aufschrift: ›Ich bin Katholik.‹ Wenig später trafen... zwei Freunde im Alter von 65 und 45 Jahren ein. Sie reisten, wie jeden Samstag oder Sonntag, von ihrem Wohn- und Arbeitsort, 17 Kilometer von Madrid entfernt, in die Hauptstadt, um ihrem gemeinsamen Hobby, dem Taubenfüttern, zu frönen. ... Viele Eltern kommen mit ihren Kindern, um ihnen eine Freude zu bereiten. Zeitweise stehen 25 bis 30 Zuschauer um die riesige Taubenmenge und amüsieren sich.«

Stadt ohne Tauben?

Ein einst verhaßter Stadtbewohner, die Ratte, hat in den letzten Jahren eine Image-Aufwertung erfahren. Vom gefürchteten Seuchenerreger ist die Ratte in den Augen vieler zum Kulttier avanciert. Die Straßentaube wartet noch auf ihre Entdeckung – dabei steht sie ihrer Nagetier-Verwandten in nichts nach. Auch Tauben sind intelligent und anpassungsfähig, auch ihnen ist es bisher gelungen, den Nachstellungen durch den Menschen erfolgreich zu entgehen.

Und wie die Ratte gibt auch die Taube einen exakten Spiegel urbaner Verhältnisse ab: die Schwärme verwahrloster, kränklicher und schmutziger Straßentauben führen uns eindringlich vor Augen, wie unwirtlich und lebensfeindlich unsere Städte geworden sind. Vielleicht wollen wir sie deshalb aus dem Stadtbild ver-

Straßentauben als Haustauben: Dieses Pärchen hatte Glück und fand Aufnahme in einem Taubenschlag. Und die beiden benehmen sich genauso »zivilisiert« wie ihre in menschlicher Obhut aufgewachsenen Kollegen.

drängen, weil wir diese Wahrheit nicht sehen wollen. Ist die Rassetaube das Produkt menschlicher Träume, Wünsche und Phantasien, so ist die Straßentaube das Ergebnis menschlicher Gleichgültigkeit und Vernachlässigung.

Vor Jahrtausenden hat der Mensch die wilde Felsentaube domestiziert, seither war sie ihm in vielfältiger Weise nützlich. Heute brauchen wir ihre Dienste nicht mehr, doch wir werden sie dennoch nicht los. In Antoine de Saint-Exupérys poetischer Parabel »Der kleine Prinz« heißt es, daß der Mensch für das, was er sich vertraut gemacht hat, verantwortlich ist. Wir haben uns die Taube vor langer Zeit vertraut gemacht – und sollten uns nicht der Verantwortung für sie entziehen.

FALKEN GEGEN TAUBEN?

Immer wieder wird vorgeschlagen, Raubvögel zur Dezimierung der Straßentauben einzusetzen – und tatsächlich wurden mancherorts Turmfalken zu diesem Zweck angesiedelt. Allerdings ohne Erfolg: Turmfalken schlagen nur Vögel von der Größe einer Amsel, größere Tiere wie etwa Tauben lassen sie so gut wie immer unbehelligt.

Als »Taubenjäger« kämen nur der Wanderfalke und der Habicht in Frage – beide sind heute sehr selten und siedeln kaum je in Städten. Der Sperber hält sich zwar gegebenenfalls am Stadtrand auf und streift auch hin und wieder Richtung Zentrum, aber nur das Sperber-Weibchen ist groß und kräftig genug, eine Taube zu schlagen. Von den Eulenvögeln wäre als Taubenjäger nur der Uhu geeignet – doch er bevorzugt ländliche Lebensräume.

Tatsächlich werden Tauben heute höchstens durch Raben- und Nebelkrähe dezimiert: Diese sehr geschickten Räuber stehlen Eier und Jungtiere aus den Nestern und töten mit Schnabelhieben auch immer wieder bereits flügge, aber schwache Junge und kranke Alttiere.

Dreimal Tod in der Stadt: eine Jungtaube wurde überfahren, ein krankes Tier verendete auf einem Dachboden, ein Sperber hat eine Taube gekröpft: diese Form der natürlichen Auslese findet leider kaum statt. Kranke oder verletzte Tiere müssen oft wochenlang leiden, weil sie kein »natürlicher Feind« von ihren Qualen erlöst.

Wie »krank« sind Straßentauben?

Wie alle Lebewesen können auch Tauben von einer Vielzahl Krankheiten und Parasiten befallen werden. Die meisten davon sind auf Vögel beschränkt, einige davon können aber auch für den Menschen gefährlich werden. Letzteres gilt vor allem für die Salmonellose und die Ornithose. Salmonellose wird durch Salmonellen-Bakterien hervorgerufen, die schwere Durchfälle verursachen können. Die Ornithose, auch Papageien-Krankheit genannt, ist eine Virus-Erkrankung, die von allen Vögeln auf den Menschen übertragen werden kann und mit den Symptomen einer Lungenentzündung verläuft.

Mit Salmonellose kann man sich nur durch direkten Kontakt mit dem Kot erkrankter Tiere infizieren, Ornithose ist auch über die Luft übertragbar. Allerdings ist für beide Erkrankungen intensiver Kontakt mit den Tieren nötig. Wenn es zu Infektionen kommt – was aber höchst selten der Fall ist –, sind in der Regel nur Taubenzüchter betroffen, deren Tiere die Krankheitserreger in sich tragen. So kam es in der Vergangenheit einige Male zu Fällen von Ornithose bei Taubenzüchtern, weil diese ihre Kropftauben mit dem Mund aufgeblasen hatten und sich so infiziert hatten.

Auch die immer wieder erwähnte Tuberkulose ist bei Straßentauben-Beständen festzustellen, allerdings handelt es sich um die Knochen-Form der Tuberkulose, nicht um die Lungenform, und auch hier wäre für eine Infektion ein sehr intensiver Kontakt mit den betreffenden Tieren nötig.

Taubenzüchter lassen ihre Tiere immer öfter gegen einige taubenspezifische Erkrankungen – etwa das Paramyxo-Virus – impfen.

Natürlich weisen Tauben auch Außen-Parasiten auf: Federlinge sind längliche Insekten, die Federsubstanz fressen und den Menschen gänzlich unbehelligt lassen. Gefährlicher können Taubenzecken werden: Wird der Mensch gebissen, können schlimme Infektionen die Folge sein. Besonders beim Ausbau von Dachböden, in denen früher Tauben hausten, sollte auf gründliche Desinfektion geachtet werden, im Gebälk überlebt dieses Ungeziefer auch monatelange »Hungerzeiten«.

Generell gilt, daß Tauben immer so krank oder gesund sind wie die Bedingungen, unter denen sie leben. Straßentauben, die in großen Massen um die Märkte leben und dort verfaulende Nahrungsreste fressen, sind naturgemäß Träger von zahlreichen Krankheitskeimen. Tauben, die in kleinen Gruppen die Parks am Stadtrand bevölkern, sind oft gesünder als Rassetauben, die in menschlicher Obhut leben. Mitunter werden Tiere gefunden, die keinerlei Keime oder Parasiten aufweisen. Im allgemeinen reicht, wenn man Kontakt zu einer Taube hatte, normale Hygiene aus: Wenn man einen Hund gestreichelt hat, wäscht man sich ja auch vor dem Essen die Hände.

Vorsicht sollte man allerdings walten lassen, wenn man ein krankes Tier aufgelesen hat. Hier sollte man auf größte Sauberkeit achten.

Ein Asyl für Straßentauben

Die meisten schauen einfach weg, wenn sie ein Taube, verletzt mit blutverschmiertem, herabhängendem Flügel oder offensichtlich todkrank mit aufgeplustertem Gefieder und geschlossenen Augen, in einem Hauseingang sitzen sehen. Wilhelm Ruprich konnte nie wegsehen, und auch wenn man ihm einen Tauben-Patienten brachte, leistete er stets erste Hilfe und mehr. Alles begann in den vierziger Jahren im tschechischen Brünn: Der Knabe Wilhelm sollte einkaufen gehen und kam mit »Siegfried« und »Swoboda« heim. Der Lachtäuber Siegfried hieß so, weil er der mutigere war, und sein Kollege wurde nach dem Herrn Swoboda benannt, weil er diesem Bekannten der Familie so ähnlich sah. Die beiden Täuber wurden 30 Jahre alt und überstanden auch den Umzug von Brünn nach Wien Anfang der sechziger Jahre prächtig.

In der neuen Heimat arbeitete Wilhelm Ruprich als freischaffender Maler, daneben vermittelte er verstoßene Haustiere auf neue Plätze: sechs Katzen, zwei Schildkröten, ein Kapuziner- und ein Totenkopfäffchen sind ihm selbst verblieben. Und natürlich die Tauben: 20 bis 30 hatte er nahezu immer in Behandlung. Vollständig genesene Tiere werden wieder freigelassen, Invalide kommen ins Heim. »Erst hatten wir die Tauben im Tierschutzhaus, dann in einem Heim bei Wiener Neustadt, jetzt gibt es das Taubenhaus im Tierheim bei Mistelbach«, erzählt »Taubenvater« Ruprich. In den drei Jahrzehnten, in denen er Tauben verarztet, ist er

Bestandskontrolle im »Taubenpflegeheim«

Sogar die Katzen der Ruprichs lieben Tauben: Diese Pfauentaube wurde krank und halb verhungert aus einem Keller geborgen.

zum Experten in Sachen Krankheiten und Medikation geworden. Er kennt sie alle, die kleinen und gefährlichen Unbillen, die die Tauben befallen können, und nahezu gegen jedes weiß er ein Mittel. Selbst aussichtslose Fälle werden hingebungsvoll und deshalb erfolgreich therapiert, zur Not operiert Wilhelm Ruprich auch selbst und vernäht die Wunden fachkundig.

Die Behandlung eines einzelnen Tieres kostet ihn oft mehr als das monatliche Futtergeld für die rund 80 Tauben im Tierasyl. Taubenzüchter, die gesunde und prächtige Rassetiere töten, einfach deshalb, weil sie überzählig sind und »unnötig« Platz im Schlag belegen, würden den Kopf schütteln über soviel Fürsorge für wertlose »Taubenratten«. Doch wo beginnt das Gute und wo hört es auf, »rentabel« zu sein?

DIE WILDEN UND DIE FREMDEN

Nicht jede Taube, die durch unsere Städte flattert, ist auch eine Straßentaube. Besonders weit verbreitet ist die Türkentaube – und die heißt nicht nur so, sie kam als freiwillige Immigrantin ursprünglich wirklich aus der Türkei. Und zwar erst vor wenigen Jahrzehnten. Warum die Türkentaube, die mit der Felsentaube und deren Haustaubenformen nur weitläufig verwandt und mit ihr nicht kreuzbar ist, im Laufe der vierziger und fünfziger Jahre bei uns eingewandert ist, weiß die Wissenschaft nicht zu sagen. Türkentauben leben nicht im Schwarm, sondern paarweise und halten sich im Gegensatz zur Straßentaube nicht auf Gebäuden, sondern mit Vorliebe auf Bäumen in Parks, Gärten und Hinterhöfen auf. Ihr Ruf ist melodisch und manche Exemplare werden bei regelmäßiger Fütterung recht zutraulich.

Nahe verwandt mit der Türkentaube ist die sehr hübsch gefärbte Turteltaube; früher weit verbreitet, ist sie heute bei uns sehr selten geworden. Sie ist ein Zugvogel, der südlich der Sahara überwintert und nur den Sommer bei uns verbringt. Wahrscheinlich haben ihre Bestände nicht nur unter der Zerstörung ihres Lebensraums gelitten – durch Feldzusammenlegungen und »Flurbereinigungen verringerte sich die Zahl der Hecken und Gehölze, Kunstdünger und Pestizide vergifteten ihre Nahrung –, im städtischen Raum, wo sie sich gern in

Parkanlagen und Gärten aufhielt, wurde sie bestimmt auch durch die größere und mehrmals jährlich brütende Türkentaube verdrängt.

Ein prachtvoller Vogel, wenn auch selten zu beobachten, ist die Ringeltaube. Diese sehr großen, in zarten Pastellfarben befiederten Tauben sind bei uns nur im offenen Land zu sehen, wo sie auf Feldern nach Getreide picken. In milderen Gegenden, etwa in Paris, gehören Ringeltauben – sie heißen so, weil sie einen breiten, weißen Halsring besitzen – zum alltäglichen Bild in Parks und Gartenanlagen.

Die Hohltaube, auch Holztaube genannt, führt eine besonders verborgene Lebensweise. Meist erkennt man ihre Anwesenheit nur an ihrem dumpfen Ruf. Anders als die Straßentauben, mit der sie nahe verwandt ist, scheut sie den »Betondschungel« der Städte und lebt nur in ausgedehnten Parkanlagen und in den Wäldern am Stadtrand. Sie nistet in Baumhöhlen und ist besonders scheu.

DIE STRASSENTAUBE UND DIE WISSENSCHAFT

Erst in allerletzter Zeit wurde die Straßentaube als Forschungobjekt der Biologie entdeckt. Grund dafür ist eine gewisse Form der Arroganz und Ignoranz auf seiten der etablierten Wissenschaft, die sich nur »richtige« Tiere, das heißt solche, die in freier Wildbahn leben, zum Gegenstand machen will. Daß auch – und gerade – Lebewesen, die sich in der menschlichen Sphäre etabliert haben, von wissenschaftlichem Interesse sein können, wird erst seit kurzer Zeit akzeptiert. Doch die Geheimnisse der »Ratten der Lüfte« sind nicht leicht zu lüften: Ihre Zahl macht es schwierig, einzelne Tiere zu identifizieren, ihre Fähigkeit zu fliegen läßt sie mühelos auch größere Distanzen überwinden – ohne Hindernisse, eben in Luftlinie. Ihr Lebensraum ist kaum überschaubar – Tauben nisten und schlafen in Hinterhöfen, dringen durch winzige Luken in Dachböden ein, besiedeln U-Bahnschächte und Baustellen. Der Forschungsgegenstand »Straßentauben« wirft viele Probleme auf – und scheint gerade deshalb zunehmend zu faszinieren.

Die Biologie-Studentin Renate Steiner untersucht die Populationsdynamik von Straßentauben für eine Forschungsarbeit: sie will herausfinden, welchen Aktionsradius Straßentauben wirklich haben, wie weit ihre Brut-, Schlaf- und Nahrungsplätze voneinander entfernt liegen, wie weit Jungtiere von ihrem Geburtsort wegwandern, ob und wann Altvögel ihr angestammtes Revier verlassen. Nachforschungen auf Dachböden, die von Straßentauben als Brutquartiere genutzt werden, sind kein Vergnügen: Federstaub und Schmutz zwingen Renate Steiner, eine Atemmaske anzulegen.

Jungtiere werden beringt und auch farblich markiert, um sie leichter beobachten zu können. Die »bunten« Tauben erregen Aufsehen, was Renate Steiner entgegenkommt: immer wieder unterstützen Passanten ihre Arbeit mit Berichten darüber, wo sie die »bunten« Tauben schon überall gesehen haben.

Andreas Leiss beobachtet seit seiner Kindheit Straßentauben, schon als Teenager begann er sich mit der Vererbung bei Tauben zu beschäftigen. Besonders faszinierend fand er seit jeher den großen Variantenreichtum bei den Färbungen der Straßentauben. Mittlerweile hat er zahlreiche seltene Farbschläge bei Straßentauben entdeckt und durch gezielte Kreuzungen herausgezüchtet.

Seine Tauben haben eine besonders noble Adresse: sie residieren in Kaiserin Maria Theresias Taubenhaus in Schönbrunn. Eine Ironie des Schicksals, daß die hochherrschaftliche Voliere, die einst die seltensten Rassevögel beherbergte, heute von »gewöhnlichen« Straßentauben bewohnt wird – bei genauer Betrachtung erweisen sich die »Parias« allerdings als hochinteressante Forschungsobjekte.

Das Anmutigste unter der Sonne, das Flügel trägt...

...ist unbestritten die Taube!« So schwärmte der Taubenconnaisseur Hermann Masius vor einem Jahrhundert. Uns mag solch ein Übermaß an Emphatie seltsam berühren, auf die rußig-grauen Straßentauben vor unseren Fenstern scheint das Attribut »Anmut« am allerwenigsten zu passen. Aber vielleicht haben wir auch nur verlernt, richtig hinzusehen. Wer sich ein wenig Mühe gibt und sich Zeit nimmt – eine rare Kostbarkeit in unserem hektischen Heute –, dem eröffnet sich auch bei der Beobachtung der alltäglichen, unscheinbaren Tauben unserer Städte eine Welt der Wunder, und manchmal sogar noch mehr. In ihrem autobiografischen Roman »Tagebuch einer Taubenbeobachterin« erzählt die amerikanische Komponistin und Bühnenautorin Doris Schwerin, wie eines Tages ein Pärchen Straßentauben, das vor dem Fenster ihres New Yorker Apartments nistet, ihre Aufmerksamkeit erweckt. Erst beobachtet sie voll Neugier, dann voll Faszination, und schließlich werden ihr »ihre« Tauben zu Begleitern auf einer beängstigenden und doch unendlich heilsamen Reise ins eigene Ich. Doris Schwerin ist krebskrank, eine Operation hat sie bereits hinter sich, doch der Tumor ist nicht besiegt. Auf dem Weg durch die Abgründe ihrer Todesfurcht und Verzweiflung schöpft sie Hoffnung aus dem armseligen und doch heroischen Überlebenskampf des Taubenpaares in ihrem Hinterhof, aus der zärtlichen Zuneigung von Täuber und Täubin zueinander, aus der liebevollen Fürsorge beider für ihre Jungen.

Martha, die letzte

Doris Schwerins Hinterhof-Tauben sind Nachkommen verwilderter Haustauben, die die ersten Amerikaner aus Europa in die »neue Welt« mitbrachten. Ein »eingeborener« Taubenvogel wurde von den Immigranten in einem beispiellosen Vernichtungsfeldzug ausgerottet – die Wandertaube. Noch 1871 stand in Meyers Konversationslexikon zu lesen: »Die Wandertaube ist blaugrau, schwarz gefleckt, unten bis auf den weißen Bauch rostfarbig, die mittleren Federn des langen, keilförmigen Schwanzes sind schwärzlich, die seitlichen mit weißen Spritzen. Diese Taube ist 14 bis 16 Zoll lang und die geselligste von allen. Wandertauben durchziehen die Vereinigten Staaten von Nordosten nach Südwesten in ungeheurer Menge, so daß sie oft die Saaten meilenweit verwüsten. Nach Audubon zählte ein Zug manchmal

über 20 Millionen und nimmt einen Raum von 8 bis 10 englischen Meilen ein.« Im selben Jahr sollen auf einem 2200 Quadratmeilen großen Areal 136 Millionen Tiere gebrütet haben. Um 1680 schrieb ein Zeitzeuge: »Wir beschlossen, den Tauben den Krieg zu erklären, die in Kanada so zahlreich sind, daß sich der Bischof mehr als einmal genötigt sah, sie zu exkommunizieren ob des Schadens, den sie an den Erzeugnissen der Erde anrichten.«

Später griff man zu durchschlagenderen Methoden, um die Vögel loszuwerden. So wie der Bison fallen mußte, um Platz zu machen für die Eisenbahnlinien quer durch den Kontinent, so mußte auch die Wandertaube weichen, weil die fruchtbaren Prärien in Ackerland umgewandelt wurden und die Tauben, die sich seit Jahrtausenden von den Samen der Steppengräser ernährt hatten, plötzlich »Getreideschädlinge« geworden waren.

Insgesamt lebten in Nordamerika ungefähr 5 Milliarden Wandertauben. Der Ornithologe Alexander Wilson schätzte einen einzigen Schwarm auf die unglaubliche, aber durchaus plausible Zahl von 2230 Millionen Tieren. Doch es scheint kaum etwas in der Natur zu geben, mit dem der Mensch nicht fertig werden kann: Zu Beginn des 20. Jahrhunderts war das Milliardenheer der Wandertauben ausgerottet – der letzte wildlebende Vogel wurde im März 1900 geschossen. Seinem Tod war ein Vernichtungsfeldzug vorausgegangen, wie ihn die Welt noch kaum gesehen hatte: die Tauben wurden an ihren Brutplätzen, wo sie wehrlos und dichtgedrängt waren, zu Zehntausenden abgeschossen, vergiftet, verbrannt, mit Schwarzpulver gesprengt, vergast, mit Netzen gefangen. Die Kadaver wurden häufig gar nicht verwertet, lebendig gefangen dienten die Tiere als Zielscheiben für Sportschützen. Als man endlich erkannte, daß die Art vor der Ausrottung stand, war es bereits zu spät: Einige Vögel waren zwar in Zoo-Gefangenschaft dem Massaker entgangen, sie schritten aber nicht mehr zur Fortpflanzung. Wahrscheinlich kam die Wandertaube nur in Brutstimmung, wenn sie sich in »massenhafter« Gesellschaft von ihresgleichen befand: Ohne die anheimelnde Nähe der Artgenossen paarten sich die wenigen Überlebenden nicht mehr. Am 1. September 1914 um 13 Uhr starb im Zoo von Cincinnati die Wandertaube Martha als letzte ihrer Art.

Spurlos verschwunden wie »Dodo«

Ähnlich wie der Wandertaube erging es der Dronte auf Mauritius. Diese Tauben waren größer als Truthähne, an den Seiten ihrer massigen Leiber befanden sich nur winzige Flügel, die Vögel hatten die Fähigkeit zu fliegen verloren – was für sie fatale Folgen hatte.

1507 landeten die Portugiesen auf Mauritius, 1681 war die Dronte bereits ausgestorben: Die europäischen Eroberer hatten die flugunfähigen Vögel in Massen erschlagen, den Rest besorgten die von ihnen eingeführten Hunde und Schweine, die Altvögel, Junge und Gelege einfach auffraßen. Heute ist nicht einmal ein vollständiges Präparat der Dronte erhalten, nur Füße und Köpfe wurden konserviert. Die wenigen Gipsmodelle dürften der Dronte zwar in der Gestalt entsprechen, sie wurden aber mit den Federn anderer Vögel bestückt. Der britische Schriftsteller Lewis Caroll hat der Dronte, auch »Dodo« genannt, in »Alice im Wunderland« ein

Als letzte von einer Viertelmilliarde Wandertauben starb Martha am 1. September 1914 um 13 Uhr.

Denkmal gesetzt, im Englischen gibt es auch die Redensart »dead as a dodo«, die bedeutet, daß etwas völlig von der Bildfläche verschwunden und total passé ist. Die Bezeichnung »Dodo« kommt übrigens vom Portugiesischen »doudo«, was »Dummkopf« bedeutet – ein Hinweis darauf, mit welchem Zynismus die portugiesischen Kolonialisten den friedfertigen und wehrlosen Vögeln begegneten.

»Gekrönte« Tauben und Taubenpapageien

Tauben gibt es auf dem gesamten Erdball: Rund dreihundert Arten bevölkern sämtliche Klimazonen mit Ausnahme der Polarregionen. Wenn wir den Begriff »Taube« hören, denken wir zuallererst an Straßentauben, dann vielleicht an die häufigen Türkentauben, vielleicht auch an Haustauben – doch das Tierreich der Taubenvögel hat viel mehr zu bieten.

Manche Taubenarten leben in dichten Wäldern und suchen, wie die Hühnervögel, ihre Nahrung pickend auf dem Boden. Die prächtigsten darunter sind wohl die auf Neuguinea und den benachbarten Inseln heimischen »Krontauben«. Diese etwa truthahngroßen, graublau gefärbten Tiere tragen prächtige Federkronen.

Ebenfalls in Südostasien beheimatet sind die Fruchttauben. Diese, wie der Name schon sagt, obstfressenden Tauben werden höchstens so groß wie Türkentauben, sind aber so bunt gefiedert wie Papageienvögel: rot, orange, violett, grün und blau – sie erstrahlen in den prächtigsten Leuchtfarben.

Mähnentauben wiederum tragen ihre grünschillernden Halsfedern so lang, daß sie einen Umhang bilden.

Exotische Tauben sind immer wieder in Zoos zu sehen, manche Arten – etwa die von den Philippinen stammende Dolchstichtaube, die einen grellroten Fleck auf der weißen Brust trägt – werden auch von Liebhabern gezüchtet. Die Haltung von Wildtauben ist aber meist nicht einfach, außerdem sind viele Arten sehr scheu, auch wenn sie bereits in menschlicher Obhut geboren wurden. Auf Taubenmärkten werden immer wieder Taubenexoten angeboten. Oft sind sie in einem erbarmungswürdigen Zustand, weil es an Information über die richtige Haltung fehlte.

Eine reizende tropische Taube, deren Haltung keinerlei Probleme macht, ist das Diamanttäubchen. Diese sperlingsgroßen Vögel sind wunderschön silbergrau gefärbt, ihren »preziosen« Namen verdanken sie kleinen weißen Punkten auf den Flügeldecken. Die Geschlechter können am korallenroten Augenring unterschieden werden: bei Weibchen ist er dünn, bei Männchen breit und dick. Das Diamanttäubchen stammt – wie der Wellensittich – aus Australien, es wird kaum je handzahm, das höchst possierliche Verhalten dieser hübschen Vögel ist aber interessant zu beobachten.

Kichernder Zaubervogel fürs Heim

Geradezu ideale Hausgenossen sind Lachtauben. Diese mit der Türkentaube nah verwandten und schon vor Jahrtausenden im Orient domestizierten Vögel assistieren bevorzugt Zauberkünstlern bei Kunststücken: Weil die Lachtaube so zahm ist, läßt sie sich ohne Widerstände auch längere Zeit in Zylinderhüten, Jackentaschen und doppelten Böden verbergen. »Lachtaube« heißt der ursprünglich bräunliche, mit schwarzer Halsbinde geschmückte Vogel, weil sein Begrüßungs- und Revierruf wie ein helles Kichern klingt. Heute werden Lachtauben meist in Weiß gezüchtet – und sie verhalten sich, wenn man sich ihnen als Jungtiere genügend widmet, zutraulicher als alle anderen Vögel.

Böse Stimmen behaupten oft, die Lachtaube sei dumm. Nun, Lachtauben sind sicher keine Intelligenzbestien, aber Intelligenz ist schließlich nicht die gerade beste Voraussetzung für ein Dasein als Haustier. Gerade weil sie nicht sehr klug ist, erträgt die Lachtaube das »reizlose« Dasein eines Stubenvogels, ohne Schaden zu nehmen. Solange man sie paarweise hält und sie nicht unter Einsamkeit leidet, nimmt sie es nicht übel, wenn sie auf kleinem Raum hausen muß – eine halbe Stunde »Freiflug« pro Tag reicht für die körperliche Gesundheit und fürs seelische völlig aus. Sie belohnt ihren Besitzer durch reizendes Familienleben – auf Wunsch wird auch der Mensch in die zärtlichen Schnäbeleien einbezogen. Früher wurden Lachtauben häufig in kleinen Käfigen in den Stuben gehalten, heute sind die kichernden Zaubervögel aus der Mode gekommen. Man hält statt dessen lieber Papageien, die sich zwar häufig aus Verzweiflung und Einsamkeit die Federn ausreißen und mit

»Dead as a dodo« bedeutet »völlig von der Bildfläche verschwunden«: vom Dodo – diese Taubenart wurde auch Dronte genannt – blieb nicht einmal ein ausgestopftes Exemplar.

Mähnen- oder Kragentauben haben metallisch grünblauschillerndes Gefieder.

Die Krontaube – auch Fächertaube – ist truthahngroß und von besonders sanftem Temperament.

Das Dolchstichtäubchen wird auch bei uns als Volierenvogel gehalten.

Diamantäubchen sind reizende Hausgenossen, doch »zum Greifen« zahm sind sie nur als Kücken.

Ein Vogel fürs Herz: Lachtauben wären ideale Heimtiere, leider sind sie »aus der Mode« gekommen.

Ein stolzer Diamanttäuber mit Nachwuchs: kurze zwölf Tage nach dem Schlupf sind die Kleinen schon flügge.

durchdringendem, neurotischem Gekreische so manchen Nachbarschaftskrieg heraufbeschwören. Aber ein grellbunter und sündteurer Vogel befriedigt eben nicht nur den Wunsch nach Kontakt zum Tier, sondern auch das Geltungsbedürfnis.

Wo Tauben sind...

Diamanttäubchen und Lachtaube sind Stuben-Tauben: sie dürfen nicht ins Freie fliegen. Haustauben »wohnen« freiwillig im Hause ihres Besitzers, sie kehren nach jedem »Ausflug« zurück. Damit die beiden »Exoten« bleiben, müssen sie hinter Gitter. Und sind gerade deshalb auch dort erlaubt, wo Tauben eigentlich verboten sind.

Daß uns der Kontakt zum Tier wohltut, ist heute wissenschaftlich erwiesen: Man hat den Puls gemessen beim Hundestreicheln und den Cholesteringehalt beim Katzenkraulen und kam zum Schluß, daß Tiere eine Art Medizin sind für Körper und Seele.

Doch in unserer modernen Welt ist kaum noch Platz fürs Tier. Gestattet ist nur, was sich nahtlos einfügt in die engen Grenzen unserer Zivilisation. Und so haben wir uns unsere Tiere zurechtgestutzt: haben ihnen die Wildnis wegkupiert, sie keimfrei und unfruchtbar gemacht und sie beizeiten gewöhnt ans Fertigfutter aus der Dose und den Aufenthalt in der Tierpension, damit sie uns nicht in die Quere kommen bei den glatten Abläufen unseres Alltags.

Die Taube, die uns so lange begleitet hat, paßt nicht hinein ins Lebenskonzept des späten 20. Jahrhunderts – es scheint kein Raum mehr zu sein für sie unter den Dächern und auch nicht darüber. Dabei könnte sie uns gerade deshalb soviel bieten.

Wer einen Taubenschlag betritt, ist Gast im Reich der Tiere. Jedes Taubenvolk führt sein Eigenleben mit eigenen faszinierenden Gesetzen. Nur wer lauscht und hinsieht und zu verstehen sucht, kann an diesem Leben teilhaben, darf es vorsichtig steuern – und sich manchmal auch als Teil des Ganzen fühlen.

Nicht von ungefähr war die Taube stets Symbol für zwei menschliche Sehnsüchte: für die Sehnsucht nach Geborgenheit und für die Sehnsucht nach Freiheit. Wenn sich ein Taubenschwarm in die Luft erhebt, fühlen wir uns erhoben. Wenn unsere Augen dem Flug der Taube über den Himmel folgen, lassen auch wir alle Erd-Schwere hinter uns. Und wenn sie wiederkehrt, sind wir ein Stück näher bei uns selbst. Fühlen uns vogelfrei und trotzdem zu Hause – ganz wie die Tauben auf dem Dach.

Für Unterstützung bei der Auffindung von Bildmaterial dankt die Verfasserin den Damen vom Wiener Bezirksmuseum Meidling sowie den Mitarbeitern der Bibliothek der Tierärztlichen Hochschule in Wien.

Bibliographie

Petrus Müller: De jure columbarum – Vom Taubenrecht, 1685
Gerardus Andreas Muller: Observationes selectes de columbariis, 1751
Christian Gottlob Schmidt: Der Tauber oder der vollkommene praktische Ratgeber, 1821
Boitard, Corbier: Les Pigeons de Voliere et de Colombier, 1824
Gottlob Neumeister: Das Ganze der Taubenzucht, 1876
Balduin Lorentz: Die Taube im Altertume, 1886
August Otto: Zur Geschichte der ältesten Haustiere, 1890
Max Bröse: Die Tümmler- und Hochflugtaubenrasse, 1890
G. Neumeister: Das Ganze der Taubenzucht, 1876
Lavalle, Lietze: Die Taubenrassen, Pfennigstorff, 1905
Adolph Kretschmer: Liebesleben im Taubenhause, 1907
Jean Bungartz: Die Taubenrassen, 1922
E. Schachtzabel: Illustriertes Prachtwerk sämtlicher Taubenrassen, 1925
Dr. Dorn, Müller: Die edle deutsche Reisebrieftaube, 1936
R. Seliger: Die Tümmler
Franz Panek: Die Wiener Tümmler, Paul Trübenbach, 1936
Edmund Zurth: Die Welt der Tauben, Oertel & Spörer
Gerhard Rösler: Brieftauben, Neumann-Neudamm, 1982
Kurt Vogel: Die Taube, Neumann-Neudamm, 1984
Heinrich Mackrott: Rassetauben, Ulmer, 1985

Bildnachweis

Alois Kammermeier: Taubenhäuser – Taubenschläge, Rosenheimer Verlagshaus, 1978: S. 15, 21 (1), 28 (1), 31, 38, 52, 55.

Hilmar Hoffmann: Das Taubenbuch, Wolfgang Krüger Verlag, 1987, Copyright Fischer Verlag GmbH, Frankfurt a. M. 1982: S. 16, 19, 33, 88, 93.

Dorothea Forstner, Renate Becker: Neues Lexikon Christlicher Symbole, Tyrolia Verlag 1991: S. 26 (1).

Ernst Merten: Hieronymus Bosch, Verlag Berghaus, 1988: S. 53.

Günter Metken: Die Präraffaeliten, DuMont Verlag, 1974: 54 (1).

Govaert Camphuysen aus Elisabeth Foucart-Walter, Pierre Rosenberg: The Painted Cat, Rizzoli, New York 1988: S. 54 (1).

Dr. Dorn, Müller: Die edle deutsche Reisebrieftaube, 1936: S. 87, 88, 90, 91.

Hans W. Silvester: S. 9, 89, 104, 148.

Eva Kern: S. 55 (1)

Reinhard Öhner: S. 9, 58, 62 (1), 63 (1), 64 (1), 72, 77, 84 (Konzept Dee), 95 (2), 97, 100, 109, 112 (1), 113 (1) , 126 (2, Konzept Dee), 136, 143.

Andrea Dee: S. 10, 17, 18, 22 (1), 23 (2), 24 (2), 26 (1), 28 (1), 29, 35, 36, 37, 40, 41, 42, 43 (2), 44, 45, 46, 47, 48, 49, 50, 51, 56, 67, 75, 76 (1), 78, 79 (1), 81, 92, 96, 101, 103, 104, 106, 107 (1), 108, 111 (1), 112 (1), 113 (2), 117, 121, 122, 123, 127, 128, 130, 131, 132 (1), 134, 136 (2), 137, 138, 139, 140, 146, 147, 149, 154, 155.

Agenturfotos: Reinhard (7), Focus (3)